맛있는 스쿨 단과 강좌 할인 쿠폰

인강 할인 이벤트

할인 코드: **jrchina03om**

단과 강좌 할인 쿠폰
20% 할인

할인 쿠폰 사용 안내
1. 맛있는스쿨(cyberjrc.com)에 접속하여 [회원가입] 후 로그인을 합니다.
2. 메뉴中 [쿠폰] → 하단 [쿠폰 등록하기]에 쿠폰번호 입력 → [등록]을 클릭하면 쿠폰이 등록됩니다.
3. [단과] 수강 신청 후, [온라인 쿠폰 적용하기]를 클릭하여 등록된 쿠폰을 사용하세요.
4. 결제 후, [나의 강의실]에서 수강합니다.

쿠폰 사용 시 유의 사항
1. 본 쿠폰은 맛있는스쿨 단과 강좌 결제 시에만 사용이 가능합니다.
2. 본 쿠폰은 타 쿠폰과 중복 할인이 되지 않습니다.
3. 교재 환불 시 쿠폰 사용이 불가합니다.
4. 쿠폰 발급 후 60일 내로 사용이 가능합니다.
*본 쿠폰과 관련된 사항은 맛있는스쿨 고객센터(02-567-3327)로 문의해 주십시오.

맛있는 톡 할인 쿠폰

전화 화상 할인 이벤트

할인 코드: **jrcphone2qsj**

전화&화상 외국어 할인 쿠폰
10,000원

할인 쿠폰 사용 안내
1. 맛있는톡 전화&화상 중국어(phonejrc.com), 영어(eng.phonejrc.com)에 접속하여 [회원가입] 후 로그인을 합니다.
2. 메뉴中 [쿠폰] → 하단 [쿠폰 등록하기]에 쿠폰번호 입력 → [등록]을 클릭하면 쿠폰이 등록됩니다.
3. 전화&화상 외국어 수강 신청 시 [온라인 쿠폰 적용하기]를 클릭하여 등록된 쿠폰을 사용하세요.

쿠폰 사용 시 유의 사항
1. 본 쿠폰은 전화&화상 외국어 결제 시에만 사용이 가능합니다.
2. 본 쿠폰은 타 쿠폰과 중복 할인이 되지 않습니다.
3. 교재 환불 시 쿠폰 사용이 불가합니다.
4. 쿠폰 발급 후 60일 내로 사용이 가능합니다.
*본 쿠폰과 관련된 사항은 맛있는전화중국어 고객센터(02-567-3327)로 문의해 주십시오.

쉽고 재미있게 배우는 중국어의 정석!
중국어 회화 시리즈

스피킹 중국어 시리즈 (입문·초급)
회화의 기본 표현 마스터
생생한 표현과 살아 있는 문장 수록

- 스피킹 중국어 첫걸음
- 스피킹 중국어 첫걸음 Level up
- 스피킹 중국어 입문
- 스피킹 중국어 초급 上
- 스피킹 중국어 초급 下

스피킹 중국어 시리즈 (초중급·고급)
고급 프리토킹 능력 습득
주제별 회화 학습 가능

- 스피킹 중국어 실력향상
- 스피킹 중국어 중급 上
- 스피킹 중국어 중급 下
- 스피킹 중국어 고급 上
- 스피킹 중국어 고급 下

맛있는 중국어 기본서 시리즈
재미와 감동, 문화까지 독해
어법과 어감을 통한 작문
이론과 트레이닝의 결합! 어법
60가지 생활 밀착형 회화 듣기

- 맛있는 중국어 독해 ❶·❷
- 맛있는 중국어 작문 ❶·❷
- 맛있는 중국어 어법
- 스피킹 중국어 듣기

목표 달성 중국어 시리즈
북경어언대학교 독점 라이센스
단계별 나선형 구성으로 반복 학습
단어부터 문장까지 익히는 워크북

- 목표 달성 중국어 Level 1
- 목표 달성 중국어 Level 2
- 목표 달성 중국어 Level 3
- 목표 달성 중국어 Level 4

초 판 1쇄 발행	2009년 6월 30일
개정판 1쇄 발행	2014년 7월 30일
개정판 7쇄 발행	2021년 3월 25일

저자	JRC 중국어연구소
발행인	김효정
발행처	맛있는books
등록번호	제2006-000273호
편집	최정임ㅣ전유진ㅣ조해천
디자인	이솔잎
영업	강민호ㅣ장주연
제작	박선희
마케팅	이지연
삽화	plug
녹음	于海峰ㅣ曹红梅ㅣ萧悦宁

주소	서울시 서초구 명달로 54 JRC빌딩 7층
전화	구입문의 02·567·3861ㅣ02·567·3837
	내용문의 02·567·3860
팩스	02·567·2471
홈페이지	www.booksJRC.com

ISBN	978-89-98444-46-4 14720
	978-89-98444-13-6 (세트)
가격	15,000원 (MP3 파일 무료 다운로드)

Copyright ⓒ 2014 맛있는books

출판사의 허락 없이 이 책의 일부 또는 전부를 무단 복사·전재·발췌할 수 없습니다.
잘못된 책은 구입처에서 바꿔 드립니다.

이 도서의 국립중앙도서관 출판예정도서목록(CIP)은 서지정보유통지원시스템 홈페이지(http://seoji.nl.go.kr)와
국가자료공동목록시스템(http://www.nl.go.kr/kolisnet)에서 이용하실 수 있습니다. (CIP제어번호 : CIP2014020940)

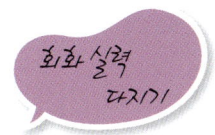
회화 실력 다지기

new 스피킹 중국어
실력 향상

머리말

汉语热经历了多年，我们欣喜地看到汉语学习者的水平逐渐从初级迈向中高级。在这样一个过渡阶段中，学习者们最需要的就是一本合适的教材。有没有一本教材既能涵盖中级基本语法要点，同时又切合实际需求，并能在兼顾生动活泼的同时，使读者能进一步加深对中国文化的了解？为满足广大学习者的这一需求，我们为大家精心准备了这本JRC Speaking 会话提高篇。

为了使学习者进一步了解中国，在大家都看腻了北京上海之后，本书特意选择了广州作为背景城市，以韩国人小俊到中国出差的经历为线索，从一个韩国人的角度去发现中国，在广州这个中国城市中学习中国。

本书共分十二课，一课一个话题，除了基本的日常生活外，为满足往来于中韩之间的商务人士的需求，我们准备了职场生活、谈判等商务性质的话题；同时我们也准备了网络新现象、算命等趣味性话题，希望通过学习，使大家能从多个角度了中国。在每一课中，围绕同一主题，我们为大家准备了两篇会话、一篇课文和各种课后练习。希望这本书能为大家的汉语学习之路添砖加瓦，帮助大家说出一口更流利、更地道的中国话。

最后感谢JRC学院金孝贞院长的大力支持，编辑部的精心编辑以及学院各位老师的出谋划策；同时感谢金敬华、赵贤珠等提高班的同学们给出的建议。

由于时间仓促，精力有限，编辑过程中难免有谬误及顾虑不周之处，我们真诚期待并欢迎广大学习者们提出宝贵意见，以便对本书作出进一步修改。

JRC 중국어연구소·崔美花

여러 해 중국어를 가르쳐오면서 중국어 학습자들이 초급에서 중·고급 실력으로 목표를 향해 돌진하는 모습을 기쁜 마음으로 지켜보았습니다. 이러한 과정에서 학습자들이 가장 필요로 하는 것은 바로 자신의 수준에 맞는 교재임을 알게 되었습니다. 중급의 기본 어법 포인트를 포괄하면서 동시에 실생활의 요구에도 부합하고, 아울러 학습자들이 중국 문화에 대해 좀 더 심도 있게 이해할 수 있도록 하는 교재가 있을까? 다양한 독자들의 이러한 요구를 만족시키기 위해 정성 들여 『**스피킹 중국어_실력향상**』을 준비하였습니다.

『**스피킹 중국어_실력향상**』에서는 학습자들이 중국을 좀 더 이해할 수 있도록 베이징이나 상하이 대신에 특별히 광저우를 교재의 배경 도시로 선택하였고 샤오쥔이라는 한국인이 중국으로 출장을 가서 겪는 경험담을 줄거리로 하여 한국인의 관점에서 중국을 알아가고, 중국의 광저우라는 도시에서 중국어를 배우도록 구성하였습니다.

『**스피킹 중국어_실력향상**』은 모두 12개 과로 구성되어 있고 한 과는 하나의 주제를 가지고 있습니다. 중국과 한국을 오가며 사업하는 학습자들의 요구에 맞추기 위해, 기본 일상생활 외에 직장에서의 생활이나 협상의 방법 등 사업과 관련된 주제를 다루었습니다. 또한 인터넷에서의 새로운 현상이라든가 미신 등 흥미를 끌 수 있는 주제도 포함되어 있어 많은 사람들이 학습을 통하여 중국을 다양한 각도에서 이해할 수 있게 하였습니다. 모든 과에는 주제와 관련된 2편의 회화, 1편의 본문, 그리고 각종 연습문제 등이 있습니다. 이 책이 여러분의 중국어 학습에 조금이나마 힘을 보태 주어, 유창하고 제대로 된 중국어를 구사하는 데에 도움이 되었으면 좋겠습니다.

마지막으로 JRC중국어학원의 김효정 원장님의 큰 지지와 JRC북스 출판팀의 정성 어린 편집, 학원에 계신 많은 선생님들의 빛나는 아이디어에 깊은 감사를 드립니다. 또한 김경화, 조현주 학생 등 실력향상반 학생들의 의견에 고마움을 표합니다.

편집 중 촉박한 시간과 精力의 한계로 나타나는 불가피한 오류와 부주의 하였던 부분에 대해서는 학습자들의 고귀한 의견을 진심으로 기대하고 또 받아들여 이 책이 좀 더 나아질 수 있도록 반영하겠습니다.

JRC 중국어연구소·최미화

이 책의 차례

머리말　　　　　　　　　　　　　　　　　004
이 책의 구성　　　　　　　　　　　　　　008
이 책의 친구들　　　　　　　　　　　　　012

chapter 01 첫만남
走进广州 광저우(广州)에 가다　　　　　　　　　013
- 会话 첫만남 ① 机场接风
- 　　첫만남 ② 自我介绍
- 课文 新同事
- 어법 别提多+동사/형용사+了 | 害得 | 到底 | 尽管 | 过头 | 由

chapter 02 외국어
汉语比想象的难 중국어는 상상했던 것보다 어렵다　　027
- 会话 외국어 ① 外来语
- 　　외국어 ② 神奇的"手"
- 课文 音译和意译
- 어법 倒 | 居然 | 难倒 | 算 | 동사+出来 | 才

chapter 03 직장 생활
上班族的生活 직장인들의 생활　　　　　　　　　041
- 会话 직장 생활 ① 笑面虎
- 　　직장 생활 ② 家家有本难念的经
- 课文 上班族的三大噩梦
- 어법 还不是 | 再也…… | 동사/형용사+下去 | 什么 | 再……不过了 | ……吧，……; ……吧，

chapter 04 관계
同事之间 동료 사이　　　　　　　　　　　　　055
- 会话 관계 ① 不讲理是女人的特权
- 　　관계 ② 帮理不帮亲
- 课文 和解
- 어법 难免 | 顺眼 | 两回事 | 至于 | 根本 | 到时候

chapter 05 교통 상황
车 차　　　　　　　　　　　　　　　　　　　069
- 会话 교통 상황 ① 危险的自行车
- 　　교통 상황 ② 话说新手
- 课文 车的变化
- 어법 难道 | 个 | 幸亏 | 眼看 | 要……说/看 | 假如

chapter 06 비즈니스
商业谈判 사업 협상　　　　　　　　　　　　　083
- 会话 비즈니스 ① 知己知彼, 百战百胜
- 　　비즈니스 ② 投其所好
- 课文 庆功会
- 어법 형용사/동사+坏了 | 동사+下来 | 再……也 | 只是……而已 | 却 | 据

chapter 07	알아가기	**讲义气的中国人** 의리를 중시하는 중국인		097
		会话 알아가기 ① 参加婚礼	课文 三顾茅庐	
		알아가기 ② 义气		
		어법 再……就…… | 是……就…… | 并 | 一方面……,另一方面…… | 固然 | 凭		

chapter 08	운세	**算命** 운세		111
		会话 운세 ① 桃花运	课文 办公室里的算命风	
		운세 ② 属相		
		어법 谁说的 | 走运/走……运 | 即使……也 | 在乎/不在乎 | 反正 | 省得		

chapter 09	새 직원	**新职员** 새 직원		125
		会话 새 직원 ① 新职员1	课文 新职员3	
		새 직원 ② 新职员2		
		어법 既……又/也 | 毕竟 | 再说 | 几乎 | 除此以外 | 동사+起来		

chapter 10	인터넷	**网络新现象** 네트워크상의 새로운 만남		139
		会话 인터넷 ① 拼团	课文 威客	
		인터넷 ② 拼房		
		어법 拿……来说 | 既然……就 | 동사+得/不+过来 | 趁 | 只要 | 何况		

chapter 11	일상생활	**日常生活** 일상생활		153
		会话 일상생활 ① 早餐	课文 办公室的早餐	
		일상생활 ② 广告		
		어법 过去 | 不然 | 不是A 就是B | 忍不住 | 总之 | 对得起		

chapter 12	송별회	**饯行** 송별연을 열다		167
		会话 송별회 ① 饯行1	课文 分别时刻	
		송별회 ② 饯行2		
		어법 偏偏 | 동사+遍 | 동사+得/不+起 | 之所以……是因为…… | 舍不得 | 数		

부록 정답 및 해석 ········· 182

찾아보기 ········· 209

话说广州 | 鸡尾酒的由来 | 如何让上司喜欢你? | 丁聪的爱妻原则 | 买车注意事项
吴宫教战斩美姬 | 朋友 | 血型与性格 | 个人简历 | 晒客 | 古代的广告 | 渭城曲

이 책의 구성

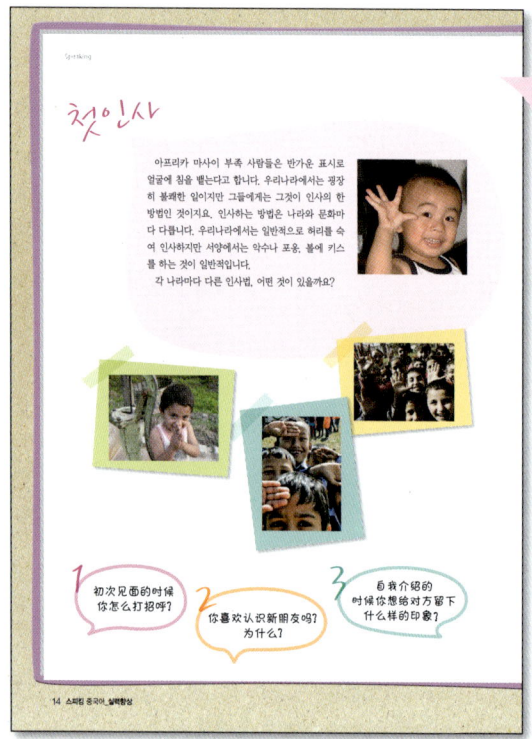

SPEAKING

스피킹 워밍업!
각 과의 주제를 좀 더 흥미 있게 공부할 수 있도록 미리 서로의 경험을 이야기해 보세요.

生词 WORDS

예문과 함께 익히는 단어!
예문을 통해 좀 더 재미있고 효과적으로 단어를 익힐 수 있어요.

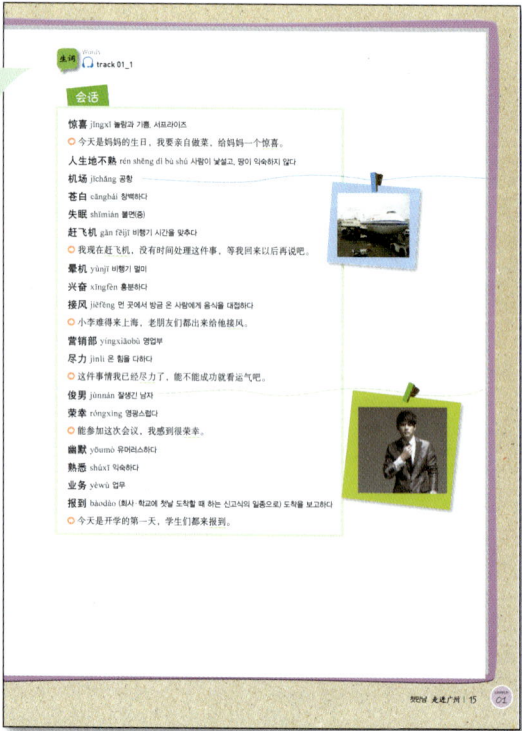

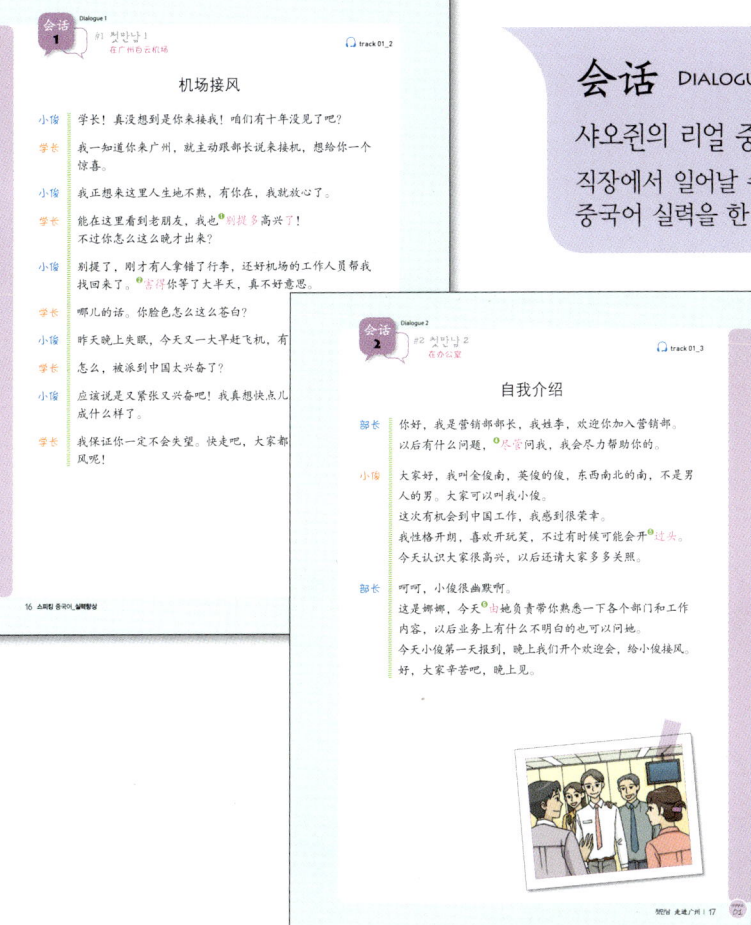

会话 DIALOGUE

샤오쥔의 리얼 중국 직장 스토리!
직장에서 일어날 수 있는 다양한 상황을 통해 중국어 실력을 한 단계 업그레이드하세요.

语法 GRAMMAR

말하기에 꼭 필요한 어법만 쏙쏙!
말하기에 꼭 필요한 실용 어법만 모아 설명하고 이해를 돕기 위한 예문을 추가했어요.
학습한 내용으로 작문 연습까지 해 보세요.

说一说 SPEAKING

「说一说1」는 회화를 얼마나 열심히 공부했는지 알아볼 수 있는 코너예요.
「说一说2」에서는 여러분의 이야기를 중국어로 표현할 수 있답니다.
「说一说3」에서는 제시된 주제에 맞게 자유롭게 이야기를 구성해 보세요.

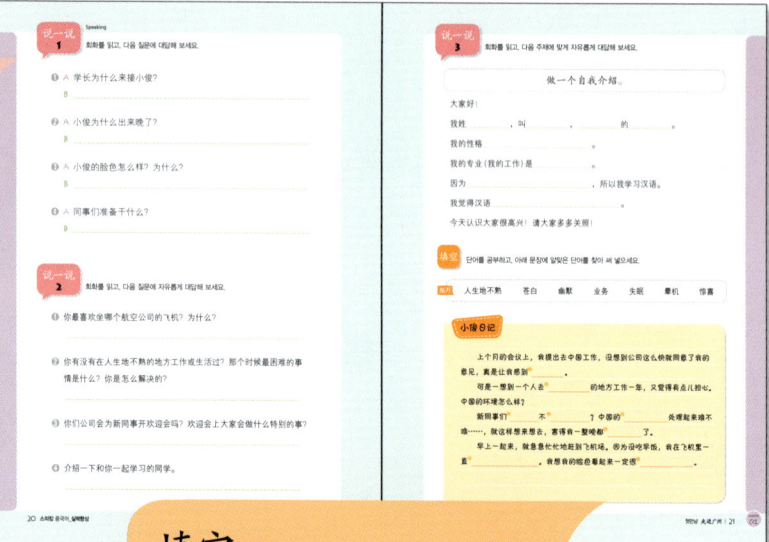

填空 EXERCISE

주요 단어 활용에도 달인!
주인공의 솔직한 모습을 엿볼 수 있는 문장으로 단어 복습을 해 보세요.

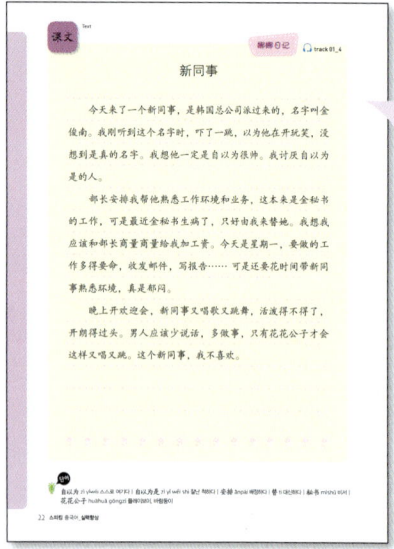

课文 TEXT

독해력 기르기!
주인공 샤오쥔과 나나의 솔직한 마음을 담은 일기로 본문을 엮었습니다. 내용을 정확히 파악하고, 해석해 보세요.

听和说 LISTENING & SPEAKING

듣고 풀고 말하고, 동시에 연습!
녹음을 듣고 다양한 문제를 풀어 보며, 듣기와 말하기 능력을 함께 훈련할 수 있어요.

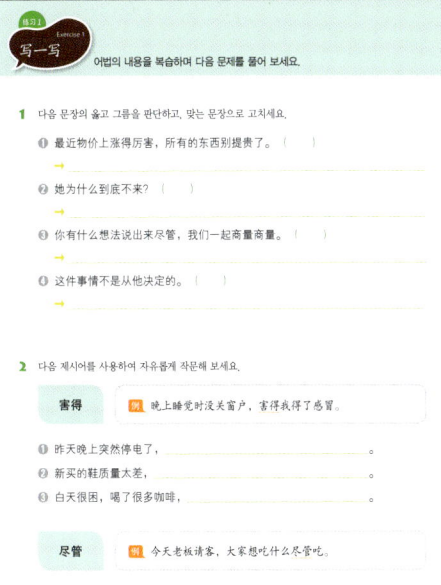

写一写 EXERCISE 1

어법과 작문 실력 다지기!

틀린 문장 고치기와 제시어로 작문하기 문제로 자신의 어법과 작문 실력을 체크해 보세요.

听一听 EXERCISE 2

듣기 능력 배양하기!

중국어가 한층 더 잘 들리도록 각 과의 주제와 관련된 이야기로 구성했습니다. 문제를 풀어 보며, 자신의 실력을 점검해 보세요.

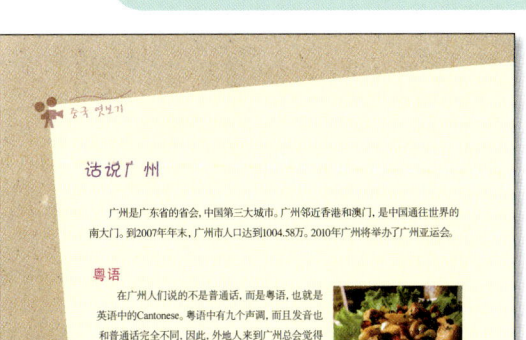

중국 엿보기

이제 중국이 재미있다!

각 과의 주제와 관련된 재미있는 중국 이야기가 펼쳐집니다. 다양한 사진과 함께 독해 연습도 해 보세요!

이 책의 주인공들

샤오쥔 小俊
한국인 남자, 28살,
중국 광저우로 파견 나가 일하고 있음

나나 娜娜
중국인 여자, 26살,
영업부 여직원

선배
한국인 남자, 32살,
샤오쥔의 대학 선배

부장
중국인 남자, 50세 전후,
회사의 총 책임자

김 비서
중국인 여자, 29살,
부장님 비서

샤오리 小李
중국인 여자, 27살,
구매부 여직원

샤오장 小张
중국인 남자, 29살,
인사부 직원

走进广州

chapter 01

이 과의 회화
1. 첫만남 ①
   机场接风
2. 첫만남 ②
   自我介绍

이 과의 어법
别提多 + 동사/형용사 + 了 | 害得 |
到底 | 尽管 | 过头 | 由

Speaking

첫인사

아프리카 마사이 부족 사람들은 반가운 표시로 얼굴에 침을 뱉는다고 합니다. 우리나라에서는 굉장히 불쾌한 일이지만 그들에게는 그것이 인사의 한 방법인 것이지요. 인사하는 방법은 나라와 문화마다 다릅니다. 우리나라에서는 일반적으로 허리를 숙여 인사하지만 서양에서는 악수나 포옹, 볼에 키스를 하는 것이 일반적입니다.

각 나라마다 다른 인사법, 어떤 것이 있을까요?

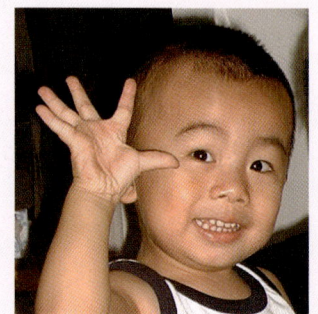

1 初次见面的时候你怎么打招呼?

2 你喜欢认识新朋友吗? 为什么?

3 自我介绍的时候你想给对方留下什么样的印象?

生词 Words
🎧 track 01_1

会话

惊喜 jīngxǐ 놀람과 기쁨, 서프라이즈
➡ 今天是妈妈的生日，我要亲自做菜，给妈妈一个惊喜。

人生地不熟 rén shēng dì bù shú 사람이 낯설고, 땅이 익숙하지 않다

机场 jīchǎng 공항

苍白 cāngbái 창백하다

失眠 shīmián 불면(증)

赶飞机 gǎn fēijī 비행기 시간을 맞추다
➡ 我现在赶飞机，没有时间处理这件事，等我回来以后再说吧。

晕机 yùnjī 비행기 멀미

兴奋 xīngfèn 흥분하다

接风 jiēfēng 먼 곳에서 방금 온 사람에게 음식을 대접하다
➡ 小李难得来上海，老朋友们都出来给他接风。

营销部 yíngxiāobù 영업부

尽力 jìnlì 온 힘을 다하다
➡ 这件事情我已经尽力了，能不能成功就看运气吧。

俊男 jùnnán 잘생긴 남자

荣幸 róngxìng 영광스럽다
➡ 能参加这次会议，我感到很荣幸。

幽默 yōumò 유머러스하다

熟悉 shúxī 익숙하다

业务 yèwù 업무

报到 bàodào (회사·학교에 첫날 도착할 때 하는 신고식의 일종으로) 도착을 보고하다
➡ 今天是开学的第一天，学生们都来报到。

会话 1

Dialogue 1

#1 첫만남 1
在广州白云机场

track 01_2

机场接风

小俊 学长！真没想到是你来接我！咱们有十年没见了吧？

学长 我一知道你来广州，就主动跟部长说来接机，想给你一个惊喜。

小俊 我正想来这里人生地不熟，有你在，我就放心了。

学长 能在这里看到老朋友，我也❶别提多高兴了！
不过你怎么这么晚才出来？

小俊 别提了，刚才有人拿错了行李，还好机场的工作人员帮我找回来了。❷害得你等了大半天，真不好意思。

学长 哪儿的话。你脸色怎么这么苍白？

小俊 昨天晚上失眠，今天又一大早赶飞机，有点儿晕机。

学长 怎么，被派到中国太兴奋了？

小俊 应该说是又紧张又兴奋吧！我真想快点儿看看广州❸到底变成什么样了。

学长 我保证你一定不会失望。快走吧，大家都等着给新同事接风呢！

会话 2

#2 첫만남 2
在办公室

🎧 track 01_3

自我介绍

部长 你好，我是营销部部长，我姓李，欢迎你加入营销部。
以后有什么问题，❹**尽管**问我，我会尽力帮助你的。

小俊 大家好，我叫金俊南，英俊的俊，东西南北的南，不是男人的男。大家可以叫我小俊。
这次有机会到中国工作，我感到很荣幸。
我性格开朗，喜欢开玩笑，不过有时候可能会开❺**过头**。
今天认识大家很高兴，以后还请大家多多关照。

部长 呵呵，小俊很幽默啊。
这是娜娜，今天❻**由**她负责带你熟悉一下各个部门和工作内容，以后业务上有什么不明白的也可以问她。
今天小俊第一天报到，晚上我们开个欢迎会，给小俊接风。
好，大家辛苦吧，晚上见。

Grammar

1 别提多 + 동사/형용사 + 了

+ '얼마나 ~한지 말도 마라, 말할 필요도 없이 ~하다'라는 뜻으로 정도가 심함을 나타내며, 과장의 뉘앙스가 있다. 문장 끝에는 반드시 了가 와야 한다.

- 听说女儿考上了北京大学，妈妈**别提多**高兴**了**。
- 世界杯期间，巴西**别提多**热闹**了**。

 이 사람은 말하기 시작하면 얼마나 말이 많은지 모른다.

2 害得

+ '손해를 입히다, 해를 끼치다'는 의미로 뒤에 절이 온다.

- 晚上睡觉时没关窗户，**害得**我得了感冒。
- 昨天太忙，忘了给妈妈打电话，**害得**她担心了一个晚上。

 오늘 회사에서 야근을 했기 때문에 남자 친구랑 싸우게 되었다.

3 到底

+ 到底는 '도대체, 대체'라는 의미를 가진 부사로 의문문에 쓰여 의문의 뉘앙스를 강조한다. 부사이기 때문에 동사나 형용사 앞에 쓰인다. 단, 주어가 의문대명사일 때에는 주어 앞에만 올 수 있다.

- 你每天**到底**在干什么？为什么总是不接电话？
- 他**到底**是谁？为什么可以随便进老板的办公室？
- **到底**谁负责这个任务？

 화성에는 도대체 생명체가 있나요, 없나요?

4 尽管 jǐnguǎn

✚ ① 부사로 쓰일 때에는 '얼마든지, 마음 놓고, 하고 싶은 대로'의 뜻이다.

- 今天老板请客，大家想吃什么尽管吃。
- 没关系，有意见尽管提。

② 접속사로 쓰여 '비록 ~하더라도'의 의미로 양보절을 이끈다. 일반적으로 뒤에 但是, 然而, 还是, 却, 仍然, 还, 也 등을 붙여 쓴다.

- 尽管有一份很好的工作，但他仍然觉得不是很满意。
- 尽管我们不同意，他还是坚持自己的看法。

 무슨 어려움이 있으면 얼마든지 제게 말씀해 주세요.

5 过头 guòtóu

✚ '(일정한 정도나 표준을) 넘다 초과하다, 지나치다'라는 뜻의 형용사이다. 뒤에 儿을 붙여 쓰기도 한다.

- 她瘦得有点儿过头儿，应该增肥。
- 今天早上睡过头儿了，迟到了。

 그의 농담이 좀 지나쳐서 인니기 화를 냈다.

6 由

✚ 행위의 주체를 이끄는 개사로 명사와 결합한다. '~이, ~가'의 뜻으로 해석한다.

- 这件事全部由他负责，你问问他的意见吧。
- 我们公司的事情都是由经理决定，我不能拿主意。

 이 건물은 그 유명한 설계사가 디자인한 것이다.

说一说 1 Speaking

회화를 읽고, 다음 질문에 대답해 보세요.

❶ A 学长为什么来接小俊?
　 B _____

❷ A 小俊为什么出来晚了?
　 B _____

❸ A 小俊的脸色怎么样？为什么?
　 B _____

❹ A 同事们准备干什么?
　 B _____

说一说 2

회화를 읽고, 다음 질문에 자유롭게 대답해 보세요.

❶ 你最喜欢坐哪个航空公司的飞机？为什么?
_____

❷ 你有没有在人生地不熟的地方工作或生活过？那个时候最困难的事情是什么？你是怎么解决的?
_____

❸ 你们公司会为新同事开欢迎会吗？欢迎会上大家会做什么特别的事?
_____

❹ 介绍一下和你一起学习的同学。
_____

说一说 3

회화를 읽고, 다음 주제에 맞게 자유롭게 대답해 보세요.

> 做一个自我介绍。

大家好!

我姓_____,叫_____,_____的_____。

我的性格_____。

我的专业(我的工作)是_____。

因为_____,所以_____。

我觉得汉语_____。

今天认识大家很高兴!请大家多多关照!

填空

단어를 공부하고, 아래 문장에 알맞은 단어를 찾아 써 넣으세요.

| 보기 | 人生地不熟 苍白 幽默 业务 失眠 晕机 惊喜 |

小俊日记

上个月的会议上,我提出去中国工作,没想到公司这么快就同意了我的意见,真是让我感到❶_____。

可是一想到一个人去❷_____的地方工作一年,又觉得有点儿担心。中国的环境怎么样?

新同事们❸_____不❸_____?中国的❹_____处理起来难不难……,就这样想来想去,害得我一整晚都❺_____了。

早上一起来,就急急忙忙地赶到飞机场。因为没吃早饭,我在飞机里一直❻_____。我想我的脸色看起来一定很❼_____。

课文 Text

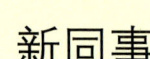

新同事

　　今天来了一个新同事，是韩国总公司派过来的，名字叫金俊南。我刚听到这个名字时，吓了一跳，以为他在开玩笑，没想到是真的名字。我想他一定是自以为很帅。我讨厌自以为是的人。

　　部长安排我帮他熟悉工作环境和业务，这本来是金秘书的工作，可是最近金秘书生病了，只好由我来替她。我想我应该和部长商量商量给我加工资。今天是星期一，要做的工作多得要命，收发邮件，写报告……可是还要花时间带新同事熟悉环境，真是郁闷。

　　晚上开欢迎会，新同事又唱歌又跳舞，活泼得不得了，开朗得过头。男人应该少说话，多做事，只有花花公子才会这样又唱又跳。这个新同事，我不喜欢。

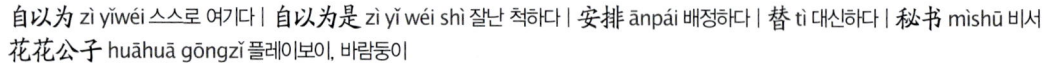

Listening&Speaking

 track 01_5

1 녹음 내용을 듣고, 문장의 옳고 그름을 판단해 보세요.

① 金俊南是中国人。　　　　（　　）

② 娜娜觉得金俊南很帅。　　（　　）

③ 娜娜是秘书。　　　　　　（　　）

④ 娜娜工作很忙。　　　　　（　　）

2 녹음 내용을 듣고, 알맞은 답을 골라 보세요.

① 娜娜讨厌什么样的人？

　A 长得很帅　　B 能歌善舞　　C 自以为是　　D 活泼开朗

② 下面哪一项不是娜娜要做的工作？

　A 收邮件　　　B 发邮件　　　C 开会　　　　D 写报告

③ 娜娜认为男人应该干什么？

　A 多说话　　　B 多做事　　　C 多唱歌　　　D 多跳舞

3 녹음 내용을 듣고, 질문에 자유롭게 대답해 보세요.

① 你们公司由谁负责带新同事熟悉环境？

_____

② 你对公司(学校)的第一印象怎么样？

_____

③ 你的业务主要是什么？

_____

어법의 내용을 복습하며 다음 문제를 풀어 보세요.

1 다음 문장의 옳고 그름을 판단하고, 맞는 문장으로 고치세요.

❶ 最近物价上涨得厉害，所有的东西别提贵了。（   ）
→ _____

❷ 她为什么到底不来？（   ）
→ _____

❸ 你有什么想法说出来尽管，我们一起商量商量。（   ）
→ _____

❹ 这件事情不是从他决定的。（   ）
→ _____

2 다음 제시어를 사용하여 자유롭게 작문해 보세요.

| 害得 | 例 晚上睡觉时没关窗户，害得我得了感冒。|

❶ 昨天晚上突然停电了，_____。
❷ 新买的鞋质量太差，_____。
❸ 白天很困，喝了很多咖啡，_____。

| 尽管 | 例 今天老板请客，大家想吃什么尽管吃。|

❹ 明天是你的生日，_____。
❺ 我是大家的导游，_____。
❻ 这张银行卡给你，_____。

练习2 Exercise 2 听一听

녹음 내용을 잘 듣고 다음 문제를 풀어 보세요.　　track 01_6

行李不见了

1 녹음 내용을 듣고, 문장의 옳고 그름을 판단해 보세요.

① 女的带来了两个一样大的行李箱。（　　）

② 广播的时候只用了一种语言。（　　）

③ 行李找到了。（　　）

2 녹음 내용을 듣고, 알맞은 답을 골라 보세요.

① 女的找不到什么？

　A 大皮箱　　　　　　　B 黑色行李箱
　C 蓝色大行李箱　　　　D 小行李箱

② 男的用什么办法帮女的找行李箱？

　A 找警察　　B 放广播　　C 问行人　　D 等着

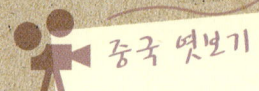

话说广州

广州是广东省的省会，中国第三大城市。广州邻近香港和澳门，是中国通往世界的南大门。到2007年年末，广州市人口达到1004.58万。2010年广州举办了广州亚运会。

粤语

在广州人们说的不是普通话，而是粤语，也就是英语中的Cantonese。粤语中有九个声调，而且发音也和普通话完全不同，因此，外地人来到广州总会觉得身在外国。

粤菜

广州人讲究吃，中国自古有"食在广州"的说法。粤菜是中国的四大菜系之一，广州人用各种材料做成美食，"什么都敢吃"说的就是广东人。广州人喜欢喝茶，其实饮茶就是吃饭，喝茶离不开点心，广东点心"色、香、味"俱全，深受人们欢迎。

省会 shěnghuì 성도(省都) | 邻近 línjìn 인접하다 | 香港 Xiānggǎng 홍콩(Hong Kong) |
澳门 Àomén 마카오(Macao) | 亚运会 Yàyùnhuì 아시안게임 | 粤语 Yuèyǔ 광둥어 |
点心 diǎnxin (과자류의) 간식[때로는 정식 이외에 먹는 소량의 음식을 일컫기도 함]

chapter 02

외국어
汉语比想象的难

이 과의 **회화**
1 외국어 ①
   外来语
2 외국어 ②
   神奇的"手"

Dialogue

이 과의 **어법**
倒 | 居然 | 难倒 | 算 | 동사+出来 | 才

Grammar

재미있는 외래어

McDonald's, 맥도날드, 麦当劳, マクドナルド.

모두 세계적인 패스트푸드 브랜드인 McDonald's를 칭하는 말입니다. 외국어를 공부하면서 가장 어렵지만 재미있는 부분을 꼽으라면 어떤 것이 있을까요? 바로 외래어가 아닐까요?

여러분들이 아는 외래어를 말해 보고, 어떻게 만들어진 것인지 이야기해 보세요.

1. 在学习汉语的过程中, 你学过的最有意思的词是什么?

2. 你最喜欢的汉语俗语、成语是什么?

3. 猜猜"小贝"是谁。

生词 Words  track 02_1

会话

饮食起居 yǐn shí qǐ jū 의식주, 일상생활

外来语 wàiláiyǔ 외래어

名词 míngcí 명사

客户 kèhù 거래처

自助餐 zìzhùcān 뷔페

鸡尾酒 jīwěijiǔ 칵테일

雄鸡 xióngjī 수탉

神奇 shénqí 신기하다

▸ 这种减肥茶效果神奇，很受人们的欢迎。

酒单 jiǔdān 술 메뉴

手脚勤快 shǒu jiǎo qín kuai 손발이 부지런하다

▸ 年轻人应该手脚勤快，谦虚努力。

俗语 súyǔ 속담

碰 pèng 만지다, 건드리다

▸ 你不要随便碰我的东西！

乱说 luànshuō 함부로 지껄이다

领导 lǐngdǎo 지도자, 리더

一把手 yìbǎshǒu 일인자

▸ 他是公司的一把手，你应该拍他的马屁。

外来语

学长　来中国一个多月了，还习惯吗？

小俊　饮食起居❶倒还可以，可是最让我头疼的是汉语。

学长　怎么可能？你学了两年，汉语❷居然会❸难倒你？

小俊　在学校学的主要是书面语，可是在中国生活，需要的是口语。我正在学习外来语名词呢。

学长　哦，是吗？那我考考你。你知道这个周末咱们公司为了感谢客户，要举行专门的自助餐会，你猜猜自助餐是什么？

小俊　这三个字怎么写？

学长　"自己"的"自"，"帮助"的"助"，"早餐"的"餐"。

小俊　哦，这个❸难不倒我。吃饭时自己帮助自己，那就是buffet，哈哈，汉语太有意思了。

学长　❹算你答对了。自助餐之后还要举行鸡尾酒会，鸡尾酒是什么呢？

小俊　鸡的尾巴做的酒？这是什么酒？我可猜不❺出来。

学长　在英语里，尾巴是tail，雄鸡是cock。你瞧，鸡尾酒就是cocktail。

小俊　哇，这真是太神奇了。

会话 2

Dialogue 2

#2 외국어 2
在办公室

🎧 track 02_3

神奇的"手"

学长 在看什么？这么认真？

小俊 上次你告诉我有鸡尾酒会，所以我在网上找来了一份酒单研究研究。

学长 你手脚真勤快。

小俊 我找的时候只用手，不需要用脚，你为什么说我手脚勤快？

学长 呵呵，中国俗语中经常把手和脚放在一起说。来，让我看看。

小俊 是吗？等一下，我的手脚不干净，你不要碰我的手。

学长 哈哈哈，手脚不干净可不能乱说，小偷❻才是手脚不干净呢。

小俊 手也有这么多意思，汉语真是太丰富了。还有没有这样的词？

学长 嗯，明天我们的一把手出差回来了，可能要开会，你做好准备了吗？

小俊 明天只有部长出差回来，那么一把手就是最高领导了？学长，你是我们营销部的二把手，对吧？

学长 你真聪明。

Grammar

1 倒 dào

+ 양보의 의미를 나타낸다. 주로 앞 절에 쓰이며 뒤 절에는 就是, 可是, 但是, 不过 등이 와서 호응한다.

- 在这儿住，交通倒挺方便，就是有点儿吵。
- 小说的内容一般，语言倒很生动。

 저는 정말 가고 싶긴 한데, 시간이 있을지 모르겠네요.

2 居然

+ 居然은 부사로 '의외로, 뜻밖에'의 뜻이다.

- 他们两个交往了十年了，居然还没结婚。
- 这么高兴的日子，他居然哭了。

 비행기가 곧 이륙하는데 그가 뜻밖에도 비행기표를 잃어버렸다.

3 难倒 nándǎo

+ 동사로 '(어려움 때문에) 굴복하게 하다, 당황스럽게 하다, 힘들게 하다'의 뜻이다.

- 要在这么短的时间内完成这项工作，这可难倒了老李。
- 多难的工作他都能做，可是和女孩子说话却难倒了他。

 어떤 어려움도 우리를 굴복시킬 수 없다.

4 算

+ '~한 셈치다, ~로 간주하다'라는 의미로 뒤에 是를 쓸 수 있다.

> - 小王应该算是个好人，就是有点儿唠叨。
> - 今天算我请客，大家都别客气，尽管吃。

 우리 반에서 그는 가장 총명한 학생이라고 말할 수 있다.

5 동사 + 出来

+ '동사 + (不) + 出来'로 쓰이며, '(동사의 동작을 통해서) 알아낼 수 있다(없다)'의 뜻이다. 주로 무언가를 식별해내려 할 때 사용한다.

> - 我看出来了，他喜欢和你吵架是因为他喜欢你。
> - 他在外国生活了十年，现在已经听不出来是北京人了。

 그의 변화가 너무 커서 누구도 그를 알아내지 못했다.

6 才

+ 才는 강조의 어기를 나타내는데, 다음의 세 가지 경우가 있다.
  ① 才 + 형용사 + 呢 : 정도가 강함을 강조한다.
  ② 才 + 不 + 동사 + 呢 : 긍정문에서는 잘 쓰이지 않는다.
  ③ 才 + (是) : '다른 것은 그렇지 않다'라는 뜻을 내포하고 있다.

> - 这么大的事儿，他不知道才怪呢。
> - 我才不去呢!
> - 他的事儿我才懒得管呢。

이 추운 날 냉면을 먹는다고 하니, 저는 안 갈래요.

Speaking

说一说 1

회화를 읽고, 다음 질문에 대답해 보세요.

❶ A 在中国小俊觉得最难的是什么?
   B _____

❷ A 为什么小俊觉得汉语很难?
   B _____

❸ A 过几天除了自助餐会以外还有什么活动?
   B _____

❹ A 小俊为什么研究酒单?
   B _____

说一说 2

회화를 읽고, 다음 질문에 자유롭게 대답해 보세요.

❶ 参考鸡尾酒，猜猜hotdog和bluemountain用汉语怎么说。
   _____

❷ 你喜欢喝鸡尾酒吗? 喝鸡尾酒要注意什么?
   _____

❸ 猜猜"大手大脚"是什么意思?
   _____

❹ 你觉得汉语中最难的是什么?
   _____

说一说 3 회화를 읽고, 다음 주제에 맞게 자유롭게 대답해 보세요.

> 你和一个中国朋友讨论汉语外来语。

A 你学了多长时间的汉语了?
B 我学了_____。
A 那你一定知道很多外来语了。
B _____。我只知道一点点。
A 那我考考你。你猜猜软饮料是什么东西?
B "软"用英语是soft,"饮料"_____。
   那么软饮料_____。

填空 단어를 공부하고, 아래 문장에 알맞은 단어를 찾아 써 넣으세요.

| 보기 | 鸡尾酒   客户   碰   自助餐   一把手   饮食起居   勤快 |

娜娜日记

❶_____给我介绍了一家新开的饭店,说里面的❷_____很不错,如果晚上去的话,还可以免费赠送一杯❸_____。

昨天部长出差回来,我们营销部的职员一起来这家饭店聚餐。酒店环境优雅,使用的碗盘都是玻璃制作的,所以我们吃的时候特别小心,就怕把这些碗盘❹_____坏了。

虽然部长是❺_____,但性格很好,小俊刚来,部长问他在中国❻_____习不习惯,在这里吃得好住得好,当然习惯了。

听说韩国的男人都不做家务。不过小俊不停地去帮大家拿菜,看起来手脚倒是很❼_____。可能是因为部长在吧。

课文

音译和意译

　　来广州一个月了，我渐渐习惯了这里的生活。可是汉语比我想象的难多了。特别是外来语，真是让人头疼。研究了几天，我发现在翻译外来语时，意译比音译更多。比如热狗、鸡尾酒，我笑得肚子都疼了。

　　当然除了意译的词以外，也有很多音译的词语，比如说可乐。我现在非常佩服翻译可口可乐的人，发音也差不多，汉字选得也好，根据汉字的意思，可口可乐就是好喝的可乐，这简直是免费的广告，怪不得中国人这么喜欢。

　　明天晚上公司要举办鸡尾酒会，我研究了一下酒名，酒名的翻译更是五花八门。不过大多是意译。我打算明天来一杯我最喜欢的鸡尾酒——长岛冰茶，喝完鸡尾酒以后，再来一杯蓝山咖啡。不过听说我们的一把手只喜欢喝卡布奇诺，这么高级的酒会只喝一杯卡布奇诺，真是太可惜了。

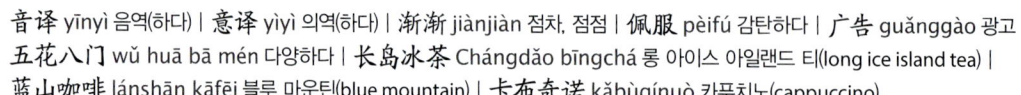

Listening&Speaking

1 녹음 내용을 듣고, 문장의 옳고 그름을 판단해 보세요.

① 小俊已经习惯了中国的生活。 （　　）

② 热狗是音译。 （　　）

③ 可口只是音译，没有什么意思。 （　　）

④ 长岛冰茶是一种茶。 （　　）

2 녹음 내용을 듣고, 알맞은 답을 골라 보세요.

① 下面哪一个词是音译？

　A 可乐　　　B 鸡尾酒　　　C 蓝山咖啡　　　D 热狗

② 可口是什么意思？

　A 牙长得漂亮　　B 嘴很漂亮　　C 味道好　　　D 没有意思

③ 部长喜欢喝什么？

　A 蓝山咖啡　　B 长岛冰茶　　C 可口可乐　　D 卡布奇诺

3 녹음 내용을 듣고, 질문에 자유롭게 대답해 보세요.

① 你最佩服的人是谁？为什么？

　_____。

② 你平时喜欢喝什么饮料？为什么？

　_____。

③ 你觉得翻译时应该音译还是意译？

　_____。

어법의 내용을 복습하며 다음 문제를 풀어 보세요.

1 다음 문장의 옳고 그름을 판단하고, 맞는 문장으로 고치세요.

① 今天是星期天，居然他来上课。（　　）
→ _____

② 他是电脑专家，这种小问题难到他。（　　）
→ _____

③ 这个问题太难，我猜不起来。（　　）
→ _____

④ 你乱说，我就不喜欢她呢。（　　）
→ _____

2 다음 제시어를 사용하여 자유롭게 작문해 보세요.

居然　　例 他们两个交往了十年了，居然还没结婚。

① 他才12岁，_____。
② 这么简单的生词，_____。
③ 今天有考试，_____。

才怪呢　　例 这么大的事儿，他不知道才怪呢。

④ 他天天不复习、不预习，_____。
⑤ 你总是说话不算数，_____。
⑥ 你天天熬夜不吃饭，_____。

练习 2 / Exercise 2 · 听一听

녹음 내용을 잘 듣고 다음 문제를 풀어 보세요. 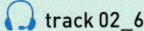 track 02_6

咖啡的由来

1 녹음 내용을 듣고, 문장의 옳고 그름을 판단해 보세요.

① 发现咖啡的是一个美国人。（　　）

② 人吃了咖啡以后会跳舞。（　　）

③ 过去咖啡被当作一种药。（　　）

2 녹음 내용을 듣고, 알맞은 답을 골라 보세요.

① 咖啡是在哪里发现的？

　A 埃塞俄比亚　　B 美国　　　　C 巴西　　　　D 印度

② 羊吃了咖啡果实以后会怎么样？

　A 一直跳　　　B 心情愉快　　C 很有精神　　D 像吃了药一样

③ 咖啡这个名字是从什么时候开始出现的？

　A 15世纪　　　B 16世纪　　　C 17世纪　　　D 18世纪

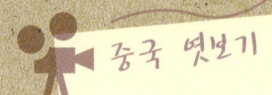

鸡尾酒的由来

关于鸡尾酒,有很多种说法,今天我们给大家介绍其中一个有趣的说法。

19世纪,美国人克里福德在河边开了一间酒店。他家有三件让他自豪的事物。一、他有一只非常美丽的大雄鸡,是斗鸡场上的名手;二、据说他的酒库里有全世界最好喝的酒;三、他的女儿艾米丽是世界上最美的女孩儿。有一个名叫阿金鲁斯的年轻男子,每晚到这酒店喝酒,他爱上了艾米丽。这小伙子性情好,工作踏实,克里福德很喜欢他,就说:"小伙子,你想和我女儿结婚的话,赶快努力当个船长吧。"小伙子努力学习、工作,几年后终于当上了船长,艾米丽自然也就成了他的太太。婚礼上,克里福德很高兴,他把酒库里最好的酒都拿出来,调和成各种口味,并在酒杯边装饰上雄鸡尾羽,美丽极了。他为女儿庆祝,并且高喊"鸡尾万岁!"从此以后,鸡尾酒就越来越流行了。

有趣 yǒuqù 흥미롭다 | 克里福德 Kèlǐfúdé [인명] 클리포드(Clifford) | 自豪 zìháo 자랑스럽다 | 斗鸡 dòujī 닭싸움 | 艾米丽 Àimǐlì [인명] 에밀리(Emily) | 阿金鲁斯 Ājīn Lǔsī [인명] 알킨 루스(Arkin Roos) | 船长 chuánzhǎng 선장 | 调和 tiáohé 섞다 | 尾羽 wěiyǔ 꼬리털

직장생활
上班族的生活

chapter 03

이 과의 **회화**
1. 직장 생활 ①
   笑面虎
2. 직장 생활 ②
   家家有本难念的经

Dialogue

이 과의 **어법**
还不是 | 再也…… | 동사/형용사+下去 |
什么 | 再……不过了 |
……吧, ……; ……吧, ……

Grammar

Speaking

내가 꿈꾸는 직장 생활

다양한 조직 문화에서 얻은 노하우를 기반으로 비즈니스맨, 커리어우먼으로의 발전을 위한 효율적인 업무 지침이 있을까요? 상사의 눈치를 보며 아부하는 것이 아니라 어떤 상황에서건 업무에 애정을 가지고, 인간적으로 이해하며, 조직 문화를 발전적인 방향으로 이끌어 나가겠다는 긍정적인 마인드를 가지는 것이 중요합니다. 자신의 능력을 개발하면서 위로는 선임자에게 인정 받고, 끈끈한 동료애를 쌓아가는 직장 생활의 달인이 되기 위해 여러분들은 어떠한 노력을 하고, 어떠한 직장 생활을 꿈꾸고 있나요?

1. 你的公司经常加班吗? 你怎么看待韩国的加班文化?

2. 你喜欢在什么样的部门工作?

3. 你做什么工作? 介绍一下你的工作内容。

生词 Words
track 03_1

会话

黑眼圈 hēiyǎnquān 다크서클
- 最近考试，整天不睡觉，黑眼圈越来越重了。

季度 jìdù 분기

笑眯眯 xiàomīmī 빙그레 웃는 모양
- 张老师总是笑眯眯的，大家都喜欢找他聊天。

好说话 hǎo shuōhuà 말을 편하게 할 수 있다
- 经理是出名的不好说话，这种事情你别找他帮忙。

笑面虎 xiàomiànhǔ 겉으로 웃는 호랑이
- 老总是笑面虎，但他笑的时候很可能是非常生气的时候。

睁一只眼闭一只眼 zhēng yì zhī yǎn bì yì zhī yǎn 보고도 못 본 체하다, 눈감아 주다

完美主义者 wánměi zhǔyìzhě 완벽주의자

采购 cǎigòu (기관이나 기업에서 선택하여) 구입하다

合约 héyuē 계약

看脸色 kàn liǎnsè 다른 사람의 낯빛(기색)이나 태도를 살피다, 눈치를 보다
- 今天爱人心情不好，我说话得看她的脸色。

货源 huòyuán 공급원

策划 cèhuà 계획하다

年末总结 niánmò zǒngjié 연말 총결, 송년회

老总 lǎozǒng 사장

乐意 lèyì ~하기를 원하다

家家有本难念的经 jiājiā yǒu běn nánniàn de jīng 집집마다 읽기 어려운 경전이 있다, 집집마다 다 걱정거리가 있다

Dialogue 1

#1 직장 생활 1
在办公室

🎧 track 03_2

笑面虎

娜娜 你最近怎么了？黑眼圈儿这么重？看起来像只熊猫。

小俊 ❶还不是部长，前几天他叫我写一份季度销售方案，我已经改了五遍了，他还是不满意。

娜娜 呵呵，头一次和部长打交道，很辛苦吧？

小俊 部长看起来笑眯眯的，我还以为他很好说话呢。

娜娜 他是出名的笑面虎，开始的时候大家都被他的外表骗了，过了一段时间以后，才知道他的厉害。

小俊 怪不得每个同事都怕见他呢。以后我❷再也不想和部长单独相处了。

娜娜 平时部长很好相处，大家的小错误小毛病他也都是睁一只眼闭一只眼，和他开玩笑他也不生气。

小俊 其实这个方案已经修改得差不多了，真希望部长也能睁一只眼闭一只眼。

娜娜 这个恐怕很难。在工作上，他是个完美主义者，达不到他的要求，你的夜车恐怕要一直开❸下去。

小俊 今天晚上我多喝几杯咖啡，明天一定让他满意。

娜娜 加油加油！

家家有本难念的经

小李　听说你又要出差了，真羡慕你们营销部！

娜娜　羡慕❹**什么**，你们不也经常出差？

小李　采购部就去几个工厂，哪像你们，世界各地都去，免费旅游。

娜娜　我们出差的时候一天到晚开会，哪有时间旅游。为了一份合约，还要天天看客户脸色。采购部是你们给人家脸色看，多好！

小李　哪有那么轻松？为了找到更好的货源，我们每天调查分析写报告，今天晚上也要加班呢。

娜娜　看来还是小张他们人力部最好了，每天策划怎么吃，怎么玩儿，❺**再**轻松**不过了**。

小张　算了吧，策划活动最头疼，现在的人要求越来越高，想让大家都满意是越来越难啊。

娜娜　听说去年的年末总结很有意思啊，今年打算在哪儿办呢？

小张　我正在找合适的场所呢。地方太贵❻**吧**，老总不乐意；太便宜**吧**，员工们批评。这几天我天天逛酒店，周末都没休息。

娜娜　家家有本难念的经，钱难赚啊！

1 还不是

+ 반문으로 긍정을 강조하며, '바로 ~한 것이다'라는 의미이다.

> - 你能这么快熟悉环境，还不是因为同事们经常帮助你！
> - 今天晚了，还不是因为堵车！

 내가 이렇게 열심히 일하는 건 이 집을 위한 거잖아!

2 再也……

+ 再也가 부정사 不와 함께 쓰일 때는 '다시는 ~하지 않다'의 의미를, 부정사 没와 함께 쓰일 때는 '다시 ~하지 않았다'의 의미를 나타낸다.

> - 他太过分了，我以后再也不想看见他。
> - 那次以后，我再也没见过他。

 대학 졸업 후에 나는 다시 그를 만나본 적이 없었다.

3 동사/형용사 + 下去

+ ① 동사 + 下去 : 현재에서 미래까지 지속되어 동작이 여전히 계속되는 것을 나타낸다.

> - 到底发生了什么事我们还不清楚，这样讨论下去有什么用？
> - 只要有一线希望，她就会坚持下去。

② 형용사 + 下去 : 이미 어떤 상태나 정도가 지속되는 것, 또는 계속 증가하거나 심해짐을 의미한다.

> - 天气再这样冷下去，动物们会受不了的。
> - 他天天加班工作，身体渐渐瘦下去了。

 비록 두 사람이 줄었어도 일은 계속해야 한다.

4 什么

+ ① 什么+명사 : '무슨, 어떤'의 뜻이다. 어떤 일이나 사물에 대한 불만이나 의아함을 나타낸다.

- 这是**什么**商店，对客人一点也不热情。
- 这是**什么**笔，用了一次就坏了。

② 동사/형용사+什么 : '뭐, 무엇'의 뜻이다. 부정적인 의미를 나타내며, 질책이나 비난, 동의하지 못하는 것을 표현하기도 한다. 이합동사인 경우에 什么는 그 사이에 위치한다.

- 看看都几点了，散**什么**步啊，快回家睡觉吧。
- 大热天的，爬**什么**山啊，还是去游泳吧。

 젊긴요, 전 벌써 50세인데요.

5 再……不过了

+ '더 ~한 것은 없다', 즉 '~이 가장 좋다'의 뜻이다. 정도가 가장 높음을 나타낸다.

- 你要是能亲自来就**再**好**不过了**。
- 她穿这件衣服**再**合适**不过了**。

 나랑 같이 가는 거니? 그러면 정말 좋지.

6 ……吧，……；……吧，……

+ 두 가지 가정 하에서 망설이며 결정하지 못함을 나타낸다. '~하자니 ~하고, ~하자니 ~하다'로 해석한다.

- 去**吧**，路太远；不去**吧**，又怕朋友会生气，真头疼。
- 科长请我吃饭，去**吧**，不知道说什么；不去**吧**，又不知道怎么拒绝，怎么办呢？

 지금 경기가 좋지 않아서, 유학을 가자니 너무 비싸고, 일을 찾자니 경쟁이 너무 치열하다.

Speaking

说一说 1

회화를 읽고, 다음 질문에 대답해 보세요.

❶ A 部长叫小俊做什么?
　B _____

❷ A 大家见了部长为什么害怕?
　B _____

❸ A 部长是个什么样的人?
　B _____

❹ A 小李为什么羡慕娜娜?
　B _____

说一说 2

회화를 읽고, 다음 질문에 자유롭게 대답해 보세요.

❶ 介绍一下你的上司。
_____

❷ 你理想的上司是什么样子的?
_____

❸ 你在什么部门工作? 介绍一下你们部门的工作。
_____

❹ 你最羡慕哪个部门? 为什么?
_____

说一说 3

회화를 읽고, 다음 주제에 맞게 자유롭게 대답해 보세요.

> 讨论一下最近的工作内容和上司。

A 今天早上开会，讨论什么了？

B 公司明年打算_____。

　部长要求_____。

A 那你应该做什么工作呢？

B _____。

A 你觉得你的上司好说话吗？

B 他呀，_____。你呢，你最近忙什么？

A _____。

填空

단어를 공부하고, 아래 문장에 알맞은 단어를 찾아 써 넣으세요.

보기

| 黑眼圈 | 合约 | 策划 | 睁一只眼闭一只眼 |
| 笑眯眯 | 看 | 脸色 | 笑面虎 |

小俊日记

最近公司签了一份❶_____，要从国外进口一批手机。我们营销部应该❷_____一个销售方案。平时不重要的事情，部长都是❸_____。可是这个方案如果失败，公司会产生巨大的损失。

早上开会时，部长❹_____地说让我们每个人回家写一个方案，下个星期，他要从大家的方案中选一份最好的交给公司。部长是有名的❺_____，他越笑，大家就越紧张。❻_____部长的❼_____，这个方案一定要认真写。到了星期一，每个人脸上都出现了❽_____。

上班族的三大噩梦

星期一

对上班族来说，每个星期一都是黑色的。星期六早上陪爸爸爬山，下午帮妈妈打扫房间，做个孝顺孩子。星期天白天，和朋友吃饭、聊天，做个好朋友。还没休息够呢，星期一就到了……

开会

每个星期一的头一件事就是开会，会议的内容永远不变："制定一周计划"。部长在前边长篇大论，没完没了，所有人都在下边偷偷打呵欠。轮到大家发言，发言的内容也永远不变："我会努力……"。

加班

刚上班的的时候，合同上明明说早上九点上班，晚上六点下班。可是……，八点了，没有人离开。为什么？这是惯例，加班是公司文化。还有，上司都不下班，谁敢回家？

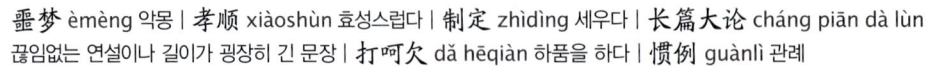

噩梦 èmèng 악몽 | 孝顺 xiàoshùn 효성스럽다 | 制定 zhìdìng 세우다 | 长篇大论 cháng piān dà lùn 끊임없는 연설이나 길이가 굉장히 긴 문장 | 打呵欠 dǎ hēqiàn 하품을 하다 | 惯例 guànlì 관례

Listening&Speaking

🎧 track 03_5

1 녹음 내용을 듣고, 문장의 옳고 그름을 판단해 보세요.

① 星期天娜娜在家休息。　　　　（　　）

② 娜娜最讨厌星期五。　　　　　（　　）

③ 开会的时候大家都喜欢发言。　（　　）

④ 娜娜每天九点半上班。　　　　（　　）

2 녹음 내용을 듣고, 알맞은 답을 골라 보세요.

① 娜娜什么时候打扫房间？

　A 周六上午　　B 周六下午　　C 周日上午　　D 周日下午

② 星期一谁主持会议？

　A 娜娜　　　　B 部长　　　　C 大家　　　　D 不知道

③ 娜娜为什么加班？

　A 喜欢工作　　B 业务很多　　C 上司加班　　D 想快点升职

3 녹음 내용을 듣고, 질문에 자유롭게 대답해 보세요.

① 你的周末一般是怎么过的？

　_____。

② 你的公司开会的内容是什么？

　_____。

③ 你加班的原因是什么？

　_____。

Exercise 1

어법의 내용을 복습하며 다음 문제를 풀어 보세요.

1 다음 문장의 옳고 그름을 판단하고, 맞는 문장으로 고치세요.

① 汉语一定要坚持学下来。（　　）
→ _____

② 已经12点了，睡觉什么！（　　）
→ _____

③ 这条裤子漂亮不过了。（　　）
→ _____

④ 学汉语吗，太难；学日语吗，不感兴趣。（　　）
→ _____

2 다음 제시어를 사용하여 자유롭게 작문해 보세요.

还不是　　例 你能这么快熟悉环境，还不是因为同事们经常帮助你！

① 他怎么这么生气？_____。
② 听说他升职了？_____。
③ 他们怎么又吵架了？_____。

再也不/没　　例 他太过分了，我以后再也不想看见他。

④ 昨天那家饭店的菜太难吃了，_____。
⑤ 昨天我把工资都花光了，_____。
⑥ 离开中国以后，_____。

出差

1 녹음 내용을 듣고, 문장의 옳고 그름을 판단해 보세요.

① 小俊坐飞机去出差。（　　）

② 明年公司要在香港成立分公司。（　　）

③ 出差时没有时间游览。（　　）

2 녹음 내용을 듣고, 알맞은 답을 골라 보세요.

① 哪一天逛超市？

　A 第一天　　B 第二天　　C 第三天　　D 不去

② 如果可以，小俊打算第几天去维多利亚湾？

　A 第一天　　B 第二天　　C 第三天　　D 没有时间

③ 这次出差的目的是什么？

　A 做市场调查　　B 逛超市　　C 开会　　D 看工厂

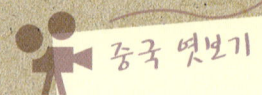

如何让上司喜欢你?

也许你象爱因斯坦一样聪明,但上司可能不喜欢你。先不要郁闷,生活是可以改变的,试一试下面的方法,你会成为上司眼中不可缺少的人才。

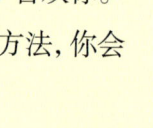

1、早到

别以为没人注意到你的出勤情况,上司可全都睁大眼睛看着呢!

2、不要逃避

工作时时在变,不要老是以"这不是我的工作"为由来逃避责任。额外的工作可能成为表现自己能力的机会,要好好把握啊。

3、立刻动手

接到工作要立刻动手,迅速准确及时地完成,不要拖。

4、少说话

职务上的秘密必须保守。

5、尊重上司的安排

上司的时间比你的时间宝贵,不管他突然安排了什么工作给你,都比你手上的工作重要。

爱因斯坦 Àiyīnsītǎn [인명] 아인슈타인(Einstein) | 缺少 quēshǎo 부족(不足)하다 | 出勤 chūqín 출근하다 | 逃避 táobì 도피하다 | 立刻 lìkè 즉시 | 拖 tuō 끌다 | 保守 bǎoshǒu 지키다

同事之间

chapter 04

Dialogue

이 과의 회화
1. 관계 ①
   不讲理是女人的特权
2. 관계 ②
   帮理不帮亲

Grammar

이 과의 어법
难免 | 顺眼 | 两回事 | 至于 | 根本 | 到时候

Speaking

긍정적인 사람

부지런하고 긍정적이며 예의 바른 사람. 또는 게으르고 핑계 많고 눈치만 보는 사람. 여러분은 어떠한 사람과 함께 일하고 싶나요? 내가 함께 일하고 싶은 사람이라면, 여러분의 상사나 윗사람들도 물론 좋아하는 직원이 될 수 있겠죠?

여러분들은 직장이나 학교에서 어떠한 사람이 되고자 하나요?

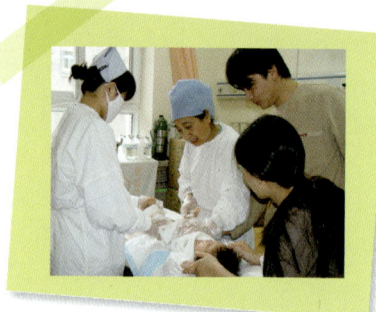

1. 你喜欢什么样的同事?

2. 怎样才能处理好同事之间的关系?

3. 两个同事吵架时你怎么办?

生词 Words
track 04_1

会话

眼线 yǎnxiàn 아이라인

花 huā 번지다

➲ 大热天，整天在外边跑，妆都花了。

冲 chòng ~한테, ~에게

➲ 这件事不是我的错，你不要冲我发火。

发脾气 fā píqi 성질을 내다

得罪 dézuì 불쾌하게 하다

莫名其妙 mò míng qí miào 영문을 모르다

特权 tèquán 특권

道歉 dàoqiàn 사과하다

哄 hǒng 달래다

➲ 孩子不肯吃饭，妈妈一直哄他。

让 ràng 양보하다

➲ 在地铁里见到老人我们应该让座。

嫂子 sǎozi 형수

母老虎 mǔlǎohǔ 무서운 여자

娶 qǔ 장가가다, 아내를 얻다

过分 guòfèn 지나치다

小心眼儿 xiǎoxīnyǎnr 째째하게 굴다, 소심하다

➲ 他非常小心眼儿，要是得罪他一次，他会 一辈子都记着。

公私分明 gōngsī fēnmíng 공사 구분이 확실하다

track 04_2

不讲理是女人的特权

学长　听说你和娜娜吵架了？

小俊　是她和我吵架，跟我没关系。

学长　哈哈，看你气得不轻呢。

小俊　今天她的眼线花了，我开玩笑说她看起来像熊猫，她就冲我大发脾气。

学长　女孩子最爱面子，你在那么多人面前说她，她生气也是❶难免的。

小俊　我觉得她一直看我不❷顺眼，以前我问她什么事，她总是不高兴，我到底哪儿得罪她了？真是莫名其妙。

学长　不讲理是女人的特权，女孩子都这样，你去道个歉哄哄她吧。

小俊　她不是天天吵着男女平等吗，这件事不是我的错，为什么我要让着她？

学长　有时候女孩子发发脾气也是很可爱的，要是全世界的女孩儿都和男人完全一样，还有什么意思？

小俊　嫂子和你吵架的时候，你也觉得她可爱吗？

学长　那是❸两回事，我老婆才不和我吵架呢。

小俊　娜娜那只母老虎，以后肯定没人敢娶她。

会话 2 Dialogue 2

#2 관계 2
在休息室里

🎧 track 04_3

帮理不帮亲

金秘书 你今天怎么了，小俊只是开玩笑，你 ❹至于发那么大的脾气吗？

娜娜 我早就看他不顺眼了，每次都在我最忙的时候问这问那的，不感谢我就算了，居然说我像熊猫，太过分了。

金秘书 他是刚来的，有不懂的问问你，❺根本不知道你忙。你怎么这么小心眼儿？

娜娜 你到底帮他还是帮我？

金秘书 我帮理不帮亲。

娜娜 他给了你什么好处，这么帮他说话？

金秘书 我真不明白，小俊又帅又可爱，营销部里谁不喜欢他，只有你天天看他不顺眼。

娜娜 我讨厌他。

金秘书 一会儿开会，❻到时候你们可别又吵起来。

娜娜 放心吧，现代女性公私分明，我才没那么小心眼儿呢。

1 难免

+ '피하기 어렵다, 벗어나기 어렵다'의 뜻을 가진 형용사이다. 주로 동사 앞에 위치하며 要, 会가 함께 온다. 단독으로 술어가 될 때는 '是……的'의 중간에 쓰인다.

- 她每天工作那么忙，难免会出些错误。
- 你总是提她以前的男朋友，被打是难免的。

 친구 사이에 때로는 견해가 일치하지 않을 때도 있다.

2 顺眼

+ 顺은 형용사로 '적합하다, 순조롭다'의 뜻이다. 顺眼은 대부분 1음절 명사와 함께 쓰여 '顺眼-보기 좋다, 顺心-뜻대로 되다, 顺耳-듣기 좋다' 등으로 쓴다.

- 这样奇怪的打扮，让人看着真不顺眼。
- 他最近有很多不顺心的事，每天喝闷酒。

 이 일은 그의 뜻대로 되지 않았다.

3 两回事

+ '다른 일이다, 별개 일이다'라는 뜻이다. 동의어로는 '不是一回事, 两码事'가 있다. 주로 儿을 붙여 쓴다.

- 说和做是两回事儿。
- 谈恋爱和结婚是一回事儿吗？

 듣는 것과 말하는 것은 전혀 다른 일이라서 회화 연습이 필요하다.

4 至于

+ 동사 至于는 '~의 정도에 이르다'의 뜻으로, 어떤 정도에 도달했음을 나타내는 말이다. 주로 부정형 不至于나 또는 반문으로 써서 어떤 지경까지 이르지 않을 것임을 나타낸다.

> - 办护照至于花那么多钱吗?
> - 他说了要来的，也许会晚一些，不至于不来吧?

 별 큰일도 아닌데, 당신 이렇게 화를 낼 필요가 있나요?

5 根本

+ '처음부터 끝까지, 완전히'라는 의미의 부사로, 대개 부정문에 쓰이거나 부정에 가까운 뜻을 담고 있는 동사를 수식한다.

> - 他只想着玩儿，根本没想过以后要做什么。
> - 这件事爸爸根本不知道，你误会了。

 중국어를 공부하는 것은 그에게 아무런 문제도 안 된다.

6 到时候

+ '그때 가서, 그때가 되어'의 뜻을 가진 부사로, 届时(jièshí)와 같다.

> - 我们星期天去旅游，到时候见。
> - 这件事先这样决定吧，如果有什么问题，到时候再说。

당신 내년에 결혼한다면서요? 그때 가서 저를 꼭 부르세요.

Speaking

> **说一说 1** 회화를 읽고, 다음 질문에 대답해 보세요.

❶ A 娜娜为什么发脾气?
　B _____

❷ A 学长认为女孩子发脾气怎么样?
　B _____

❸ A 小俊认为娜娜是什么?
　B _____

❹ A 娜娜为什么看小俊不顺眼?
　B _____

> **说一说 2** 회화를 읽고, 다음 질문에 자유롭게 대답해 보세요.

❶ 你认为男人和女人吵架是谁的错？为什么？
_____

❷ 你认为男女同事之间应该怎样相处？
_____

❸ 你和同事吵过架吗？讲讲当时的情况。
_____

❹ 你有没有过"帮理不帮亲"的经历？
_____

说一说 3

회화를 읽고, 다음 주제에 맞게 자유롭게 대답해 보세요.

> 请模拟一文中小俊和娜娜吵架的情况。

小俊　娜娜，_____。

娜娜　我正在写一份报告，_____？

小俊　哇，你的眼睛怎么了_____，看起来像_____。

娜娜　你太过分了，_____，你怎么可以这样说！

小俊　你别生气，我_____。

娜娜　走开，我不想看见你。

小俊　_____，至于_____吗？

填空

단어를 공부하고, 아래 문장에 알맞은 단어를 찾아 써 넣으세요.

보기

| 莫名其妙 | 特权 | 让 | 母老虎 | 小心眼儿 |
| 发脾气 | 道歉 | 冲 | 公私分明 | 哄哄 |

小俊日记

昨天娜娜❶_____我❷_____，真是❸_____。可是学长却说我应该❹_____着她。女孩子就应该有❺_____吗？可是没想到开会的时候，娜娜很冷静，还支持我的意见。看来，虽然她是个❻_____，但是是个❼_____的人。我想了想，我一个大男人也不能太❽_____，跟女孩子说对不起，❾_____她，也不是什么丢人的事儿。我明天早上就去❿_____。

课文 Text

小俊日记

和解

　　今天的会议上，我要发表我的季度销售方案，我猜娜娜一定会找我的麻烦。可是没想到她居然很支持我的方案，我太吃惊了。我偷偷地看了她，结果她瞪了我一眼。开完会，娜娜说："刚才是公事，我们的架还没吵完呢。"不知道为什么，我突然想笑，我们俩的年龄加在一起都超过50岁了，吵起来还像5岁的孩子一样。好吧，我道歉。

　　早上，我买了一束花和一块巧克力——我发现娜娜很爱吃巧克力，还写了一张卡片放在她的桌子上。中午的时候，娜娜发短信说原谅我了，因为我主动道歉，她决定请我吃饭，但是要我买单。

　　好吧，女孩子是有特权的，请吃饭就请吃饭吧。但结账的时候，我发现娜娜已经付钱了。她说："其实，那天我也不好，不该乱发脾气。"她说这句话的时候，脸有点儿红，我突然觉得这只母老虎其实挺可爱。

단어
发表 fābiǎo 발표하다 | 支持 zhīchí 지지하다 | 瞪 dèng 흘겨보다 | 超过 chāoguò 넘다 |
束 shù 묶음, 다발, 단[한데 묶인 물건을 세는 단위] | 卡片 kǎpiàn 카드

Listening&Speaking

听和说

🎧 track 04_5

1 녹음 내용을 듣고, 문장의 옳고 그름을 판단해 보세요.

① 开会的时候娜娜找小俊的麻烦。　（　　）

② 小孩子喜欢吵架。　　　　　　　（　　）

③ 娜娜喜欢花。　　　　　　　　　（　　）

④ 小俊当面向娜娜道歉。　　　　　（　　）

2 녹음 내용을 듣고, 알맞은 답을 골라 보세요.

① 如果小俊是26岁，娜娜可能是几岁？

　　A 22岁　　　B 23岁　　　C 24岁　　　D 25岁

② 娜娜喜欢吃什么？

　　A 巧克力　　B 花　　　　C 饭　　　　D 不知道

③ 娜娜是什么样的人？

　　A 小心眼　　B 公私分明　C 喜欢吵架　D 像小孩

3 녹음 내용을 듣고, 질문에 자유롭게 대답해 보세요.

① 你认为和女同事(男同事)相处时应该注意什么？

　_____。

② 你用什么方法道歉？

　_____。

③ 你觉得女孩子比较喜欢什么样的礼物？

　_____。

Exercise 1

어법의 내용을 복습하며 다음 문제를 풀어 보세요.

1 다음 문장의 옳고 그름을 판단하고, 맞는 문장으로 고치세요.

① 想学好汉语，多花点时间难免的。（　　）

　→ _____

② 花钱和赚钱是两件事。（　　）

　→ _____

③ 这么重要的事他至于忘记。（　　）

　→ _____

④ 明天和客户见面，到时候我该穿什么衣服呢？（　　）

　→ _____

2 다음 제시어를 사용하여 자유롭게 작문해 보세요.

| 难免 | 例 她每天工作那么忙，难免会出些错误。|

① 刚开始工作，_____。

② 第一次见到自己喜欢的明星，_____。

③ 你这样说他，_____。

| (不)至于 | 例 他说了要来的，也许会晚一些，不至于不来吧。|

④ 虽然经济不景气，但_____。

⑤ 我只是不小心忘了，你_____吗?

⑥ 我认识他的时间不长，但我觉得他_____。

同事之间的相处之道

1 녹음 내용을 듣고, 문장의 옳고 그름을 판단해 보세요.

① 我们的生活中只有同事。（　　）

② 同事之间不要借钱。（　　）

③ 和同事吵架，应该主动道歉。（　　）

2 녹음 내용을 듣고, 알맞은 답을 골라 보세요.

① 和同事相处最重要的是什么？

　A 钱　　　B 尊重　　　C 不说坏话　　　D 主动道歉

② 同事有困难时，我们应该做什么？

　A 主动道歉　　B 请他吃饭　　C 给钱　　　D 表示关心

③ 根据这段话，我们可以知道和同事相处时应该注意哪几个方面？

　A 两个　　　B 三个　　　C 四个　　　D 五个

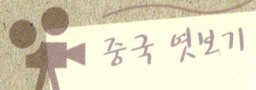

丁聪的爱妻原则

中国著名的漫画家丁聪先生一直说夫人才是"家长",他还把几十年的体验写成了爱妻原则。

如果发现太太有错,那一定是我的错。
如果不是我的错,也一定是我害太太犯的错。
如果我还坚持她有错,那就更是我的错。
如果太太真错了,尊重她的错我才不会犯错
——这话肯定没错。

其实在对待其他关系时,我们也可以参考这些原则。和同事之间有矛盾时,多想想自己的问题,自己的错,多理解对方,多包容,这样的话,同事之间的关系一定会非常好。

丁聪 Dīng Cōng [인명] 딩총 | 原则 yuánzé 원칙 | 漫画家 mànhuàjiā 만화가 |
犯错 fàncuò 실수하다 | 参考 cānkǎo 참고하다 | 矛盾 máodùn 모순

교통 상황

车

chapter 05

Dialogue

이 과의 **회화**
1 교통 상황 ①
 危险的自行车
2 교통 상황 ②
 话说新手

Grammar

이 과의 **어법**
难道 | 个 | 幸亏 | 眼看 |
要……说/看 | 假如

Speaking

자전거 왕국

흰히들 중국을 '자전거 왕국'이라고 부르지요? 그 이유가 궁금하겠지만, 그건 중국과 관련된 사진만 봐도, 중국에 첫발을 내딛기만 해도 바로 알 수 있습니다. 출퇴근 시간뿐 아니라 하루 종일 온 동네에 자전거 물결이 일지요. 또한 길거리에는 좌판 자전거 수리점이 곳곳에 있고, 도난 방지를 위한 자전거 전용 주차장, 자전거 전용 도로까지 있답니다. 자전거를 타면 어떤 점이 좋을지 함께 이야기해 보세요.

1. 对你来说最方便的交通工具是什么？

2. 你喜欢什么牌子的车？

3. 如果要买车，你要考虑什么因素？

生词 Words
track 05_1

会话

新手 xīnshǒu 초보자

侃大山 kǎndàshān 실없는 말을 지껄이다

◎ 北京的司机最喜欢侃大山。

无聊 wúliáo 지루하다, 심심하다

风土人情 fēngtǔ rénqíng 풍토와 인정

长见识 zhǎng jiànshi 식견이 넓어지다

闯红灯 chuǎng hóngdēng 빨간 신호를 무시하고 지나가다, 신호를 위반하다

◎ 他昨天开车时闯红灯，被罚款了。

刹车 shāchē 브레이크를 걸다

后果 hòuguǒ 결과

遵守 zūnshǒu (규정에 따라) 준수하다, 지키다

规则 guīzé 규칙

说曹操，曹操就到 shuō Cáo Cāo, Cáo Cāo jiù dào 호랑이도 제 말하면 온다

说坏话 shuō huàihuà 험담하다

◎ 男人女人都喜欢说别人的坏话。

提前 tíqián (예정된 시간이나 기한을) 앞당기다

◎ 如果不能每天复习，那么提前十分钟到教室看看书也可以。

太阳从西边出来了 tàiyáng cóng xībian chūlai le 해가 서쪽에서 뜨다

准时 zhǔnshí 제시간에

超车 chāochē (차를) 앞지르다

◎ 年轻人喜欢超车，这很危险。

后窗 hòuchuāng 뒤쪽 창

老手 lǎoshǒu 전문가, 숙련가, 베테랑

Dialogue 1

track 05_2

危险的自行车

小俊　刚才坐出租车，差点儿出交通事故。

娘娘　❶难道司机是新手吗？还是他喝酒以后开车？

小俊　大白天的，怎么会？司机特别热情，知道我是外国人后，一路上聊❷个不停。

娘娘　中国的司机喜欢侃大山，你得理解，他们整天呆在车里多无聊啊！

小俊　是啊，司机很幽默，一路上介绍广东的风土人情，我听了以后很长见识。

娘娘　那怎么会闹出交通事故？

小俊　我们聊得正高兴的时候，突然一辆自行车闯红灯，❸幸亏司机及时刹车，不然后果可严重了。

娘娘　太危险了！

小俊　真希望大家都遵守交通规则。

Dialogue 2

在办公室

track 05_3

话说新手

学长　部长怎么还没到?

部长　说曹操，曹操就到，我来了，你们说我什么坏话呢?

学长　哪有，您平时都提前二十分钟到公司，今天可是太阳从西边出来了，居然九点准时来。

部长　别提了，我前边有一个新手，速度特别慢，❹眼看就要迟到了，我急得要命，但又不能超车，只能跟他一起慢慢儿爬。

学长　您怎么知道他是新手啊?

部长　他的车后窗写着呢，"新手上路，请多关照"。

学长　哈哈，这算什么，有一次我开车，前边也是一个新手，他的后窗写的是"别吻我"，我看了，差点儿吻上去。

部长　❺要我说，❻假如前边是新手，你就当是红灯，停着吧。

娜娜　谁不是从新手开始的? 过不了几天说不定这些新手开得比你们更好呢!

学长　呵呵，娜娜也开始学开车了，希望你快点儿变成老手啊。

 Grammar

1 难道

+ '설마 ~하겠는가?, 그래 ~란 말인가?'의 뜻으로 반문의 어기를 강조할 때 쓴다. 문장 끝에 吗나 不成을 덧붙이기도 한다. 단, 不成을 쓸 때에는 吗를 붙일 수 없다.

- 黑眼圈怎么这么重？难道你昨天晚上没睡觉？
- 难道我当不成歌星吗？
- 真小气，难道我看一下还不成？

 설마 이 일을 네가 계속 몰랐던 것은 아니겠지?

2 个

+ '동사＋个＋형용사/동사'의 형식으로 쓰이며, 이때 个는 정도보어 得와 같은 역할을 한다.

- 看个清楚、问个明白、笑个不停、玩个够。
- 雨一直下个不停，看样子明天不能爬山了。

 부장님 기분이 아주 좋으신가 봐, 계속 웃고 계시네.

3 幸亏

+ 幸亏는 '다행히, 운좋게'의 뜻을 가진 부사인데, 아래의 예처럼 뒤에 오는 단어에 따라 뜻이 달라지기도 한다.
① 幸亏……才 : 다행히 ~하여서 ~했다

- 幸亏带了现金，才能这么便宜就买下这件衣服。

② 幸亏……不然/否则 : 다행히 ~했기에 망정이지 그렇지 않았다면 ~했을 것이다

- 幸亏你帮我，不然我一个人可做不完。
- 幸亏我早作准备，否则赶不上火车。

 네가 알려 줬으니 망정이지, 그렇지 않았다면 나는 잊어버렸을 거야.

4 眼看

+ '금방이라도, 곧'이란 의미의 부사로 주어 앞이나 뒤에 놓일 수 있다.

> - 眼看就要天黑了，我们快回家吧。
> - 眼看儿子就要留学回来了，爸爸别提多高兴了。

 추석이 곧 다가온다.

5 要……说/看

+ '(주어가) 보기에'의 뜻으로 의견을 제시할 때 쓴다.

> - 要我说，这件事你应该告诉爸爸。
> - 要我看，买电视不如买电脑。

 내가 보기엔, 이런 중요한 일은 부모님과 상의해야 돼.

6 假如

+ '만약 ~라면, 만일 ~라면'의 뜻으로 가정의 의미를 갖는다. 일반적으로 뒤에 那么, 就, 则, 便 등과 호응하여 쓴다.

> - 假如我能再看见他，我一定不会跟他吵架。
> - 假如能回到十年前，我一定更努力学习。

 만약 당신에게 10억이 있다면, 뭐 할 거예요?

说一说 1

Speaking

회화를 읽고, 다음 질문에 대답해 보세요.

❶ A 司机是个什么样的人?
　　B _____

❷ A 司机给小俊讲了什么?
　　B _____

❸ A 司机是新手吗?
　　B _____

❹ A 部长平时几点到办公室?
　　B _____

说一说 2

회화를 읽고, 다음 질문에 자유롭게 대답해 보세요.

❶ 你有没有出交通事故的经历？讲一讲当时的情况。
_____

❷ 韩国的交通情况怎么样?
_____

❸ 新手开车有什么特点?
_____

❹ 开车时如果遇到了新手上路，你会怎么做?
_____

说一说 3

회화를 읽고, 다음 주제에 맞게 자유롭게 대답해 보세요.

差点出事故！

A 今天_____。

B 怎么了？_____。

A 开车的时候_____。

B 那太危险了。_____？

A 不过幸亏_____。

B 以后开车一定要小心点儿。

填空

단어를 공부하고, 아래 문장에 알맞은 단어를 찾아 써 넣으세요.

보기			
太阳从西边出来了	侃大山	无聊	提前
风土人情	准时	新手	长见识

小俊日记

午休时吃完饭，大家闲着❶_____，就聚在一起❷_____。

学长以前在英国留过学，就给我们讲英国的❸_____，听了以后很❹_____。

我想起有一份文件需要整理就❺_____回了办公室。没想到娜娜也在办公室里，❻_____。她午休时不是最喜欢和女同事们聊天吗？

原来她是为了❼_____下班去学开车，怪不得我们今天批评❽_____时她很不高兴。

课文 Text

娜娜日记 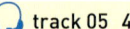 track 05_4

车的变化

　　说起中国的交通工具，人们马上想到的就是自行车。过去生活水平低的时候，家里有台自行车，就算是富裕人家了。到现在自行车仍然是最流行、最方便、使用量最大的交通工具，中国有专门的自行车道，上下班时间路上全是自行车，因此，外国人来到中国总是感叹中国是个"自行车王国"。

　　虽然自行车还是很多，但路上的汽车也越来越多了。从国产车到世界名牌，各种车都有。很多人说北方人喜欢奥迪，南方人爱开奔驰。对年轻人来说，买车已成为流行，特别是名牌车。过去中国人非常节省，现在很多人贷款买进口车，所以很多人说中国人的消费观念正在从一个极端走向另一个极端。有人说汽车多了，说明生活水平提高了，是好事；也有人说汽车多了，带来的问题也多了，你觉得呢？

富裕 fùyù 부유하다 | 感叹 gǎntàn 감탄하다 | 奥迪 Àodí 아우디(Audi) | 奔驰 Bēnchí 벤츠(Benz) | 节省 jiéshěng 절약하다 | 贷款 dàikuǎn 대출하다 | 消费观念 xiāofèi guānniàn 소비 관념 | 极端 jíduān 극단

听和说 Listening&Speaking

🎧 track 05_5

1 녹음 내용을 듣고, 문장의 옳고 그름을 판단해 보세요.

① 现在自行车不流行了。　　　　( )

② 北方人喜欢奔驰。　　　　　　( )

③ 中国有专门的自行车道。　　　( )

④ 很多人向朋友借钱买车。　　　( )

2 녹음 내용을 듣고, 알맞은 답을 골라 보세요.

① 南方人喜欢什么车?

　A 奥迪　　　B 世界名牌　　　C 奔驰　　　D 国产车

② 过去富裕的象征是什么?

　A 奥迪　　　B 自行车　　　　C 奔驰　　　D 国产车

③ 中国人的消费观念怎么样?

　A 变化非常大　B 变化不大　　C 喜欢节约　D 喜欢贷款

3 녹음 내용을 듣고, 질문에 자유롭게 대답해 보세요.

① 韩国使用的最多的交通工具是什么?

　_____。

② 什么时候路上车最多? 堵车时你怎么办?

　_____。

③ 你喜欢什么样的车?

　_____。

Exercise 1 어법의 내용을 복습하며 다음 문제를 풀어 보세요.

1 다음 문장의 옳고 그름을 판단하고, 맞는 문장으로 고치세요.

❶ 这件事你不知道难道？（　　）

　→ _____

❷ 他话特别多，总是说没完没了。（　　）

　→ _____

❸ 对我说，英语比汉语容易。（　　）

　→ _____

❹ 幸亏你当导游，不然我们玩儿得很高兴。（　　）

　→ _____

2 다음 제시어를 사용하여 자유롭게 작문해 보세요.

| 假如 | 例 假如我能再看见他，我一定不会跟他吵架。 |

❶ _____，我一定向我喜欢的那个女孩表白。

❷ _____，整个地球村就会变成一家人。

❸ _____，我一定不会放弃这么好的机会。

| 幸亏 | 例 幸亏带了现金，才能这么便宜就买下这件衣服。 |

❹ _____，我才没迷路。

❺ _____，不然我还在办公室里呢。

❻ _____，要不我就不能回家了。

练习2 Exercise 2 听一听

녹음 내용을 잘 듣고 다음 문제를 풀어 보세요.

🎧 track 05_6

部长的新车

1 녹음 내용을 듣고, 문장의 옳고 그름을 판단해 보세요.

❶ 部长想买现代公司的车。（　　）

❷ 部长不喜欢名牌。（　　）

❸ 这款车要用很多汽油。（　　）

2 녹음 내용을 듣고, 알맞은 답을 골라 보세요.

❶ 现代车的优点是什么？

　A 牌子有名　　B 价格便宜　　C 不容易坏　　D 不用汽油

❷ 部长希望买什么车？

　A 奥迪　　B 现代　　C 奔驰　　D 自行车

❸ 部长认为买车什么最重要？

　A 名牌　　B 实用　　C 便宜　　D 不知道

교통 상황 车 | 81

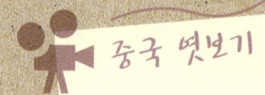

买车注意事项

　　要买车的朋友，一定要多逛逛车市，一定要考虑清楚再买。车是个大件，买车以前可以考虑一下下面几个问题，确定一下自己是不是真的需要买车。

　　一、费用

　　车买回来后，维修、保养、汽油、停车，这些都要花钱。买车之前一定要问问有车的朋友，看看他们一个月养车的费用是多少，看看自己能不能负担得起。

　　二、停车位

　　买车之前，一定要确定有停车位。如果没有停车位，汽车可能会很不安全。

　　三、有没有必要买车

　　如果离公司不远的话，每天打车也不很贵，而且省了停车的费用；即使很远，也要考虑交通状况。现在城市交通非常复杂，很容易堵车，利用公共交通可能更快。当然，家住得又远，周围交通又不方便，那就必须要买了。

事项 shìxiàng 사항 | 大件 dàjiàn 고가품 | 维修 wéixiū 수리하다 | 保养 bǎoyǎng 정비하다 |
汽油 qìyóu 휘발유 | 负担 fùdān 부담하다

 商业谈判

chapter 06

이 과의 회화
1 비즈니스 ①
   知己知彼，百战百胜
2 비즈니스 ②
   投其所好

이 과의 어법
형용사/동사+坏了 | 동사+下来 |
再……也 | 只是……而已 | 却 | 据

인간관계

'꽌시(关系)'는 인간관계를 가리키는 말인데, 중국에서는 이 '꽌시'가 좋지 않으면 성사될 계약도 아무리 노력해도 성사되지 않는다는 이야기 들어보셨나요? 네, 중국인들과 사업상 거래를 할 때에는 흔히 말하는 그 사람과의 '꽌시(관계)'가 좋아야 한다고 하지요. 그렇다고 이익을 배제한 채 '꽌시'만 주장하는 것은 옳지 않은 일이겠지요?

사업상 거래에서 가장 중요한 것은 무엇일까요?

1. 怎样和老板谈判?

2. 怎样维持和客户的良好关系?

3. 谈判时要注意什么?

生词 Words 🎧 track 06_1

会话

笔 bǐ 돈, 자금과 관련 있는 것을 세는 단위[주로 양이 비교적 많은 금액을 말함]
▸ 我需要一笔钱买房子，你能借给我吗?

生意 shēngyi 장사

难缠 nánchán 다루기 힘들다, 대처하기 어렵다

降价 jiàngjià (값을) 내리다

老狐狸 lǎohúli 늙은 여우

讨价还价 tǎojià huánjià 가격(값)을 흥정하다

沉住气 chén zhùqì (상황이 긴급하거나 감정이 흔들릴 때에 마음을) 진정하다
▸ 你老是这么沉不住气，怎么能赢呢?

对手 duìshǒu 상대
▸ 最了解你的人不是你的朋友，而是你的对手。

知己知彼，百战百胜 zhī jǐ zhī bǐ, bǎi zhàn bǎi shèng
　　　　　　자신을 알고 남을 알면 백 번 싸워도 위태롭지 않다

气氛 qìfēn 분위기

应酬 yìngchou 교제하다, 접대하다
▸ 今天晚上有应酬，恐怕12点以前不能回家。

郊区 jiāoqū 시외 지역

投其所好 tóu qí suǒ hào 남의 마음에 들도록 비위를 맞추다
▸ 送礼物的时候要投其所好，他喜欢什么，你就送什么。

签约 qiānyuē 계약(또는 조약)을 체결하다

会话 1

Dialogue 1

#1 비즈니스 1
在办公室

🎧 track 06_2

知己知彼，百战百胜

部长　小俊，这几天累❶坏了吧？

小俊　部长，累倒是没关系，可是我一看见那个方老板就头疼。

部长　这是今年最大的一笔生意，如果谈❷下来了，公司不仅能大赚一笔，而且还能进入香港市场。所以❸再难也要谈成。

小俊　可是那个方老板太难缠了。您看，本来都谈得差不多了，现在却突然要求再降价。

部长　那个老狐狸清楚我们没有在香港的经验，所以又提高了条件。

小俊　这太过分了，降百分之二十，那我们赚什么？

部长　别着急，谈判本来就是讨价还价，一定要沉住气，谁沉得住气，谁就能胜利。

小俊　是，部长。那我们现在怎么办？

部长　你和娜娜再去查查他们的情况，还有方老板的性格爱好。另外再找找他们主要竞争对手的资料。

小俊　对，知己知彼，百战百胜，我马上就去做。

投其所好

学长 最近怎么一直练习打高尔夫球?

小俊 部长今天下午和香港的方老板打高尔夫球,让我也跟着去。

学长 也对,球场上的气氛比较轻松。看你打得好像还不错嘛!

小俊 是啊,以前❹只是爱好而已,没想到现在❺却用来和客户应酬。

学长 呵呵,打完高尔夫你们要做什么啊?

小俊 去郊区的农家饭馆吃饭。

学长 为什么不去好点儿的地方?

小俊 投其所好啊,❻据我和娜娜调查,方老板最喜欢农家菜,所以我们特意找了这个地方。

学长 真是辛苦啊,希望你们吃饭的时候就能签约。

小俊 要是可以,那就太好了。

Grammar

1 형용사/동사 + 坏了

+ 坏了는 심리 상태를 나타내는 형용사나 동사 뒤에 쓰여 정도가 심함을 나타낸다.

> - 你怎么现在才来？我急坏了。
> - 听说可以去海外旅游，他乐坏了。

 요 며칠 나는 너무 바빴다.

2 동사 + 下来

+ 下来는 동사 뒤에 쓰여 동작의 완성 또는 결과를 의미한다.

> - 这个方案已经定下来了，不能再改。
> - 你把你的名字写下来吧。

 그는 이미 이 요청을 승낙했다.

3 再……也

+ '아무리 ~하더라도'의 뜻으로, 양보 의미의 가정문에 쓰인다.

> - 天再冷，风再大，我也得去上班。
> - 他现在已经下决心了，你再怎么说也没有用。

 상황이 아무리 심각하다 해도, 우리는 해결할 방법이 있다.

4 只是……而已

+ '단지 ~일 뿐이다'의 뜻이다. 여기서 只是는 不过와 바꿔 쓸 수 있다.

- 他**只是**感冒**而已**，不至于不能上课。
- 他**只是**三岁的孩子**而已**，怎么能听懂这么复杂的句子？

나는 그냥 말해 본 것뿐이니, 너무 진지하게 생각하지 마세요.

5 却

+ '그러나, 그런데, 도리어, 오히려'라는 뜻의 부사이다. 어떤 일이나 사물의 전환을 나타내며, 倒나 可보다는 다소 어감이 약하다. 但, 可 등과 함께 쓰일 수 있다.

- 尽管大家想了很多办法，**却**没有一个见效。
- 今天很冷，可他**却**穿得很少。

중국어를 3년 동안 배웠으나, 뉴스를 듣기에는 그래도 어려움이 있다.

6 据 jù

+ '~에 따르면, ~을 근거로 하여'라는 뜻의 개사이다. 뒤에 명사나 동사, 절 모두 올 수 있다.

- **据**天气预报说，明天会有台风。
- **据**报道，今年的物价比去年上涨了百分之十。

의사 말에 따르면 그의 병은 곧 나을 것이다.

Speaking

说一说 1

회화를 읽고, 다음 질문에 대답해 보세요.

❶ A 为什么这笔生意一定要谈下来?
　　B _____

❷ A 方老板要求什么?
　　B _____

❸ A 部长让小俊做什么?
　　B _____

❹ A 小俊为什么练习打高尔夫球?
　　B _____

说一说 2

회화를 읽고, 다음 질문에 자유롭게 대답해 보세요.

❶ 介绍一下你遇到过的最难缠的人。
_____

❷ 你认为谈合约时最重要的是什么?
_____

❸ 你怎样和你的客户交流?
_____

❹ 你的客户怎么样? 你怎样"投其所好"?
_____

说一说 3

회화를 읽고, 다음 주제에 맞게 자유롭게 대답해 보세요.

根据会话一，完成方老板和部长讨价还价的内容。

部长　　我们前两天已经谈得差不多了，今天＿＿＿＿＿＿？

方老板　对不起，我这几天想了想，＿＿＿＿＿＿＿＿。

部长　　可是我们明明说好了＿＿＿＿＿＿＿。

方老板　＿＿＿＿＿＿＿＿＿＿＿＿＿＿＿＿＿。

部长　　这个价格＿＿＿＿＿＿＿＿＿＿＿＿＿。

方老板　贵公司第一次＿＿＿＿＿＿＿，我们公司＿＿＿＿＿＿。

部长　　这个我不能自己做决定，＿＿＿＿＿＿＿＿＿。

填空

단어를 공부하고, 아래 문장에 알맞은 단어를 찾아 써 넣으세요.

보기

难缠　　签约　　郊区　　生意　　气氛
笔　　老狐狸　　讨价还价　　知己知彼，百战百胜

小俊日记

最近常常到香港出差。

香港这❶＿＿＿＿＿❷＿＿＿＿＿谈下来，公司就能进入香港市场了。

可是香港方面的方老板真是一只❸＿＿＿＿＿，不停地❹＿＿＿＿＿，太❺＿＿＿＿＿了。

❻＿＿＿＿＿，娜娜调查发现方老板喜欢农家菜，所以我们特意订了❼＿＿＿＿＿一家农家饭馆请他吃饭。

吃饭的时候，方老板很高兴，❽＿＿＿＿＿特别好。

真希望我们可以快点儿❾＿＿＿＿＿。

课文 Text

娜娜日记  track 06_4

庆功会

　　香港的合约终于签下来了，我们营销部的人高兴得差点儿掉眼泪。为了这份合约，这两个月营销部全体职员吃不好，睡不好，天天加班，这些地狱般的日子终于过去了，万岁!

　　说起那个方老板，真是只难缠的老狐狸，谈判的本事又高，口才又好。不过我们的笑面虎部长也一样厉害，这场谈判，我们这些新职员都长了很多见识。

　　谈判的时候为了知己知彼，我负责调查方老板的情报，现在连他家的狗叫什么名字我都知道得清清楚楚。最后那家关键的农家菜饭馆儿也是我和小俊好不容易才找到的。部长说这份合约能签下来，有两个因素很重要：一是小俊的高尔夫打得好，二是农家饭馆儿的菜味道好。呵呵，我的努力总算没白费。

　　部长说今天晚上开庆功会，地点由我选，不过他推荐去那家农家饭馆。开玩笑! 那里又便宜又远，我才不去呢! 我要去五星级饭店吃海鲜自助餐!

庆功会 qìnggōnghuì 완성 축하회, 공로 축하회 | **眼泪** yǎnlèi 눈물 | **地狱** dìyù 지옥 | **口才** kǒucái 말솜씨 | **推荐** tuījiàn 추천하다 | **海鲜** hǎixiān 해산물

Listening&Speaking

🎧 track 06_5

1 녹음 내용을 듣고, 문장의 옳고 그름을 판단해 보세요.

① 营销部的职员很伤心，所以哭了。　　　　（　　）

② 这份合约谈了三个月。　　　　　　　　　（　　）

③ 部长谈判的本事很高。　　　　　　　　　（　　）

④ 娜娜负责调查方老板家的狗叫什么名字。　（　　）

2 녹음 내용을 듣고, 알맞은 답을 골라 보세요.

① 营销部这两月怎么样？

　　A 不能睡觉　　B 不能吃饭　　C 天天加班　　D 去了地狱

② 关于方老板，下面哪一项不正确？

　　A 很会谈判　　B 口才好　　C 很小气　　D 家里养狗

③ 关于农家饭馆儿下面哪一项是正确的？

　　A 很贵　　B 味道好　　C 很近　　D 在市内

3 녹음 내용을 듣고, 실문에 자유롭게 대답해 보세요.

① 你负责过的最重要最难的工作是什么？

_____。

② 和客户签合同时最重要的是什么？

_____。

③ 怎样才能和客户维持良好的关系？

_____。

Exercise 1 어법의 내용을 복습하며 다음 문제를 풀어 보세요.

1 다음 문장의 옳고 그름을 판단하고, 맞는 문장으로 고치세요.

❶ 这个画家把他喜欢的风景都画下去了。（　　）
➡ _____

❷ 这件衣服太贵了，再漂亮也要买！（　　）
➡ _____

❸ 说好了五点半见面，却他还没来。（　　）
➡ _____

❹ 据说这座房子里闹过鬼。（　　）
➡ _____

2 다음 제시어를 사용하여 자유롭게 작문해 보세요.

只是……而已　　例 他只是感冒而已，不至于不能上课。

❶ _____，你不要这么生气。
❷ _____，不用这么伤心。
❸ 钱不重要，_____。

却　　例 尽管大家想了很多办法，却没有一个见效。

❹ 我们急得要命，_____。
❺ 钱都花光了，_____。
❻ 虽然这次没成功，_____。

庆功会

1 녹음 내용을 듣고, 문장의 옳고 그름을 판단해 보세요.

❶ 这几个月大家很辛苦。（　　）

❷ 公司的目标是进入亚洲市场。（　　）

❸ 庆功会是下午举行的。（　　）

2 녹음 내용을 듣고, 알맞은 답을 골라 보세요.

❶ 庆功会是为了庆祝什么？

A 大家工作很努力　　　B 产品进入香港市场
C 产品进入亚洲市场　　D 产品走向全世界

❷ 今天可能是星期几？

A 星期四　　B 星期五　　C 星期三　　D 星期一

❸ 公司下一个目标市场可能是哪儿？

A 韩国　　B 中国　　C 日本　　D 欧洲

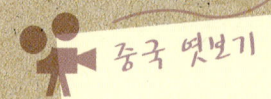

吴宫教战斩美姬

孙子，名武，是中国杰出的军事家，他的《孙子兵法》举世闻名。但孙武首次用兵，训练的却是一群宫女。

孙武在吴国隐居时，吴王向他请教兵法，并请他实际演示一下，为了为难孙武，吴王故意让他训练宫女。孙武把宫女们分成两队，请吴王最喜欢的两位美人当队长，让自己的车夫当执法官执行军法。开始时，孙子要求宫女们做向前看、向后看这样简单的动作，但宫女们只是哈哈大笑。孙子说："作为将军，规定的动作没有让你们听明白，这是我的过错。现在，我再说一遍，大家一定要遵守命令。"但宫女们仍然笑个不停，不做动作。

孙武大怒，说："命令已经说明清楚，但还是不能执行，罪在队长。"他问执法官："应该怎样处罚？"执法官回答："应该斩首。"吴王听了大吃一惊，说："我已经知道先生的兵法厉害了，可是这两个人是我最爱的妃子，请你不要杀她们。"孙子说："我既然接受王命当了将军，将在外，君命有所不受。"说完，杀掉了两名妃子。宫女们吓得不敢吵闹，再难的动作也做得十分整齐。

但吴王心中很不高兴。孙武说："在军队中赏罚一定要严明，对士兵一定要威严，只有这样，他们才会服从命令，才能打胜仗。"听了孙武的解释，吴王怒气消散，请孙武作了吴国的将军。

단어

| 杰出 jiéchū 뛰어나다, 걸출하다 | 隐居 yǐnjū 은거 | 演示 yǎnshì 시범하다 | 为难 wéinán 난감하다 |
执法官 zhífǎguān 법무관 | 执行 zhíxíng 집행하다 | 怒 nù 노하다 | 处罚 chǔfá 처벌하다 | 斩首 zhǎnshǒu 참수하다 | 妃子 fēizi 임금의 비 | 将在外，君命有所不受 jiàng zài wài, jūnmìng yǒu suǒ bú shòu 장군은 밖에서 어명을 일부 받지 아니할 수 있다 | 赏罚严明 shǎngfá yánmíng 상과 벌이 엄격하고 공정하다 | 威严 wēiyán 위엄 있는 모양 | 消散 xiāosàn 흩어져 사라지다

알아가기
讲义气的中国人

chapter **07**

Dialogue

이 과의 회화
1 알아가기 ①
   参加婚礼
2 알아가기 ②
   义气

Grammar

이 과의 어법
再……就……｜是……就……｜并
一方面……，另一方面……｜固然｜凭

사회생활

직장에서의 관계와 경쟁은 학창 시절의 그것과 많이 다르다고들 합니다. 진정한 친구는 만나기 쉽지 않고, 마음이 맞지 않는다고 해서 밖으로 표출할 수도 없고요. 또 술자리에서 적극적이지 못하다면 눈총을 받기 십상이지요.

소위 사회 생활을 잘하는 방법에는 어떤 것들이 있는지 이야기해 보세요.

1. 你最好的朋友是谁?

2. 你的人脉广吗?

3. 怎样才能扩展你的人脉?

生词  Words ◯ track 07_1

会话

叹气 tànqì 한숨 쉬다

红眼病 hóngyǎnbìng 질투하다

◯ 看到别人买股票赚了钱，他得了<u>红眼病</u>也去买，可是都赔了。

礼金 lǐjīn 사례금, 축의금

喝西北风 hē xīběifēng 굶주리다

◯ 他买的股票每天都跌，再这样下去，真的要<u>喝西北风</u>了。

大手笔 dàshǒubǐ 돈을 많이 쓰다

拿得出手 ná de chū shǒu 다른 사람 앞에 내놓을 수 있다

◯ 好朋友的生日，只买水果怎么<u>拿得出手</u>?

坚持 jiānchí 견지하다

手续 shǒuxù 수속

经验 jīngyàn 경험

人脉 rénmài 인맥

◯ 他从小到大都在这里生活，<u>人脉</u>很广。

讲义气 jiǎng yìqi 의리가 있다

冷淡 lěngdàn 냉대하다

◯ 他最近为什么对我这么<u>冷淡</u>? 我哪儿得罪他了?

良心 liángxīn 양심

当初 dāngchū 당초

不打不相识 bù dǎ bù xiāngshí 맞붙지 않으면 서로 알지 못한다

交情 jiāoqing 친분, 우정

业绩考评 yèjì kǎopíng 업무 실적 평가

走后门 zǒu hòumén 뒷거래를 하다

Dialogue 1

在休息室里

🎧 track 07_2

参加婚礼

娜娜 ｜ 唉，明天又得参加婚礼了。

小俊 ｜ 朋友结婚你叹什么气！啊，你是看到人家结婚得红眼病了吧？

娜娜 ｜ 你才得红眼病呢！我一想到礼金就头疼，这个月已经参加了三个婚礼了，❶再有人结婚，我就要喝西北风了。

小俊 ｜ 谁叫你每次送礼金都是那么大的手笔！

娜娜 ｜ ❷是好朋友就得给面子，钱少了怎么拿得出手！

小俊 ｜ 你就死要面子吧。

娜娜 ｜ 这❸并不只是为了我的面子，也是为了给朋友面子，我们给少了，他会很没面子的。

小俊 ｜ 那你下半个月怎么办？

娜娜 ｜ 不出去吃饭，少花钱，应该能坚持到月底。

小俊 ｜ 那你每天只吃两顿饭好了，还可以减肥。

娜娜 ｜ 我应该快点儿结婚，这样送出去的钱就都能收回来了，说不定还能发一笔小财。

小俊 ｜ 你先找到男朋友再说吧！

会话 2

Dialogue 2

#2 알아가기 2
在办公室

🎧 track 07_3

义气

小俊　我们产品进入香港市场的各种手续这么快就办完了，方老板真厉害！

部长　那当然，当初我们选择跟他合作，❹一方面❺固然是因为他们公司经验丰富，另一方面也是因为他人脉广，各行各业都有熟人。

小俊　难怪中国人总是说"多个朋友多条路"。

部长　你一个人在国外，多交些朋友吧，"在家靠父母，出门靠朋友"嘛。而且中国人最讲义气，你有什么困难，他们一定会帮你的。

小俊　我也感觉到了，中国人开始的时候有点儿冷淡，可是熟了以后特别热情。

娜娜　谁对你冷淡了？真是没良心。

小俊　还说呢，也不知道当初是谁和我吵架。

部长　呵呵，你们这叫"不打不相识"。

娜娜　部长，❻凭我们的交情，您看这次业绩考评……

小俊　娜娜，你这是走后门儿啊！部长，我们的交情也不错，我的业绩考评是不是也……

部长　想要好成绩，
　　　干活儿吧，少拍马屁！

Grammar

1 再……就……

+ '더 ~하면, ~하게 된다'의 뜻으로, 가정문에서 就와 함께 사용한다. 여기에서 再는 어기를 더욱 강조하는 역할을 한다.

- 你再不起床就要迟到了。
- 再晚一会儿就赶不上飞机了。

 이 옷이 사이즈가 딱 맞아요. 더 크면 입을 수가 없어요.

2 是……就……

+ '~이기만 하면 반드시 ~한다'의 뜻이다.

- 你是这个公司的职员就应该做好自己的工作。
- 在北京是个饭馆儿就能吃到四川菜。

 중국 사람이라면 이 노래를 부를 수 있다.

3 并

+ 不, 没 등 부정사 앞에 '결코'라는 뜻으로 쓰여 부정의 어기를 강조한다. 내용의 전환을 나타내는 문장에 자주 쓰인다.

- 战争并不是解决问题的方法。
- 我并不是生气，我只是很失望。

 당신이 말한 이 일을 그는 나에게 알려 주지 않았다.

4 一方面……, 另一方面……

+ 병렬문에 쓰여 두 종류 혹은 두 종류 이상의 방법, 원인, 목적, 조건 혹은 결과 등이 동시에 존재함을 나타낸다. '한편으로는 ~하며, 또 한편으로는 ~하다'의 뜻이다.

- 我们一方面要发展经济，另一方面也要注意保护环境。
- 大家都喜欢在那儿吃饭，一方面是因为好吃，另一方面是因为很近。

 모두들 한편으로는 열심히 공부해야 하고, 또 한편으로는 신체도 단련해야 한다.

5 固然

+ '물론 ~지만'의 뜻으로, 뒤 절에 但是, 但, 于是와 함께 사용한다.

- 工作固然重要，可是休息也很重要。
- 她和别人打架固然不对，但你这么批评她也有点儿过分。

 이렇게 하면 물론 좋지만 시간이 너무 걸린다.

6 凭

+ 凭은 개사로 '~에 의지하여, ~을 근거로'의 뜻이다.

- 凭多年的经验，她成功地完成了这项任务。
- 你凭什么不让我去？

 단지 이 점만으로는 아직 결론을 내릴 수 없다.

Speaking

> **说一说 1**   회화를 읽고, 다음 질문에 대답해 보세요.

① A 娜娜为什么叹气?
　 B _____

② A 娜娜送礼金为什么要大手笔?
　 B _____

③ A 娜娜为什么想结婚?
　 B _____

④ A 公司为什么选择和方老板合作?
　 B _____

> **说一说 2**   회화를 읽고, 다음 질문에 자유롭게 대답해 보세요.

① 韩国人参加婚礼时给多少礼金?
_____

② 为了面子你会做什么?
_____

③ 人脉在韩国重要吗? 谈一谈"人脉"的重要性。
_____

④ 你的周围有"走后门"的现象吗? 你怎么看"走后门"?
_____

说一说 3

회화를 읽고, 다음 주제에 맞게 자유롭게 대답해 보세요.

> 你要去参加婚礼。

A 最近结婚的人特别多。

B 可不是，_____。

再这样下去，_____。

A 那你少给一点儿礼金不就行了？

B _____。

A 你快点儿结婚吧，这样_____。

B 哪有那么容易，_____。

填空

단어를 공부하고, 아래 문장에 알맞은 단어를 찾아 써 넣으세요.

보기

| 叹气 | 当初 | 人脉 | 拿得出手 |
| 交情 | 坚持 | 礼金 | 喝西北风 |

娜娜日记

朋友多，❶_____广是好事，可是有时候也很头疼。

最近跟我❷_____好的朋友不是过生日就是结婚，❸_____大家关系那么好，❹_____少了怎么❺_____！

这个月已经参加了三个婚礼了，剩下的钱能不能❻_____到月底也很难说，再这样下去，我一定会❼_____。

唉，一想到这儿，我就忍不住❽_____。

三顾茅庐

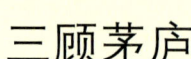

中国有一个非常有名的故事叫"三顾茅庐"。三国的时候刘备听说诸葛亮很聪明，就想请他和自己一起做事。前两次去的时候诸葛亮不在家，第三次到诸葛亮家时，诸葛亮正在睡觉，刘备就在门外恭敬地等着。诸葛亮看到刘备这么有诚意，终于答应帮助刘备，最后在诸葛亮的帮助下，刘备建立了蜀国。"三顾茅庐"的做法在中国很流行，很多时候人们可能会礼貌地拒绝一两次，然后再接受，当然邀请的人也一定会邀请两三次。

我的一个法国朋友很生气地对我说中国人不尊重他。原来他最近和中国人谈判，在谈一个条件时，他说"不"，可是中国人不相信他，又问了他好几次。我笑着给他讲了"三顾茅庐"的故事，他才明白。不过他还是觉得中国人太不直接了。

其实这都是因为中国人太谦虚了。但是很多外国人，特别是西方人很难明白他们真正的想法。我现在已经了解了中国人的习惯。现在如果一个中国朋友到家里做客，我问他："帮你倒杯茶好吗？"他一定回答说："不用"，这个时候，我知道我应该准备茶了。

三顾茅庐 sān gù máo lú 삼고초려 | 刘备 Liú Bèi [인명] 유비(劉備) | 诸葛亮 Zhūgě Liàng [인명] 제갈공명(孔明) | 恭敬 gōngjìng 예의가 바르다, 공손하다 | 诚意 chéngyì 성의 | 蜀国 Shǔguó 촉국[촉(蜀)나라를 가리킴] | 直接 zhíjiē 직접의, 직접적인 | 谦虚 qiānxū 겸손하다

Listening&Speaking

🎧 track 07_5

1 녹음 내용을 듣고, 문장의 옳고 그름을 판단해 보세요.

❶ 刘备去了诸葛亮家四次。　　（　　）

❷ 中国人不尊重法国人。　　（　　）

❸ 法国朋友觉得中国人很直接。（　　）

❹ 西方人很谦虚。　　（　　）

2 녹음 내용을 듣고, 알맞은 답을 골라 보세요.

❶ "三顾茅庐"的故事说明中国人＿＿＿＿＿＿＿。

　A 喜欢睡觉　　B 谦虚　　C 不直接　　D 喜欢三

❷ 法国朋友为什么生气？

　A 中国人不喜欢他　　　　B 中国人不尊重他
　C 中国人不直接　　　　　D 中国人喜欢喝茶

❸ 如果你说"我请你吃饭"，中国人可能回答＿＿＿＿＿＿＿。

　A 太好了　　B 谢谢　　C 真不好意思　　D 我不想和你吃饭

3 녹음 내용을 듣고, 질문에 자유롭게 대답해 보세요.

❶ 你觉得现代社会我们需要"三顾茅庐"的精神吗？

　　＿＿＿＿＿＿＿＿＿＿＿＿＿＿＿＿＿＿＿＿＿＿＿＿。

❷ 除了谦虚以外，中国人还有什么特点？

　　＿＿＿＿＿＿＿＿＿＿＿＿＿＿＿＿＿＿＿＿＿＿＿＿。

❸ 韩国人有什么特点？

　　＿＿＿＿＿＿＿＿＿＿＿＿＿＿＿＿＿＿＿＿＿＿＿＿。

Exercise 1

어법의 내용을 복습하며 다음 문제를 풀어 보세요.

1 다음 문장의 옳고 그름을 판단하고, 맞는 문장으로 고치세요.

① 这件衣服再过几年才穿不了了。（   ）
→ _____

② 现实却没有想象那么好。（   ）
→ _____

③ 固然能力重要，可是运气也很重要。（   ）
→ _____

④ 说话要凭良心。（   ）
→ _____

2 다음 제시어를 사용하여 자유롭게 작문해 보세요.

| 一方面……, 另一方面…… | 例 我们一方面要发展经济，另一方面也要注意保护环境。 |

① 你为什么想去中国? _____。
② 妈妈为什么看起来不高兴? _____。
③ 找工作时要注意什么? _____。

| 是……就…… | 例 在北京是个饭馆儿就能吃到四川菜。 |

④ 是好学生，_____。
⑤ 是好朋友，_____。
⑥ 是韩国人，_____。

练习2 Exercise 2 听一听

녹음 내용을 잘 듣고 다음 문제를 풀어 보세요.

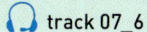 track 07_6

知音的由来

1 녹음 내용을 듣고, 문장의 옳고 그름을 판단해 보세요.

❶ 提到好朋友时中国人只说 "知音"。（　　）

❷ 俞伯牙没有朋友，所以很寂寞。（　　）

❸ 第二年，俞伯牙没有见到钟子期。（　　）

2 녹음 내용을 듣고, 알맞은 답을 골라 보세요.

❶ 根据这段话我们可以知道俞伯牙是什么时候认识钟子期的？

　A 旅行时　　B 寂寞时　　C 喝酒时　　D 这段话中没有提到

❷ 俞伯牙和钟子期分别时约定了什么？

　A 以后再见面　B 以后再喝酒　C 以后再弹琴　D 病死了

❸ 钟子期死后俞伯牙为什么摔琴？

　A 不想弹琴　B 纪念钟子期　C 很伤心　D 很寂寞

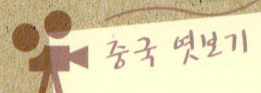

朋友

周华健

这些年 一个人
风也过 雨也走
有过泪 有过错
还记得坚持什么

真爱过 才会懂
会寂寞 会回首
终有梦 终有你
在心中

朋友一生一起走
那些日子不再有

一句话 一辈子
一生情 一杯酒

朋友不曾孤单过
一声朋友你会懂
还有伤 还有痛
还要走 还有我

算命

chapter 08

Dialogue

이 과의 **회화**
1 운세 ①
   桃花运
2 운세 ②
   属相

Grammar

이 과의 **어법**
谁说的 | 走运 | 走……运 | 即使……也 |
在乎 | 不在乎 | 反正 | 省得

Speaking

올해의 운세

새해가 되면 점집에는 한 해의 운세를 알고자 하는 사람들로 북적입니다. 연애운, 직장운, 사업운, 건강운 등 좋은 일이 있으면 기분 좋게, 안 좋은 일이 있다면 행동을 조심하려고 노력하게 되지요. 용하다는 점집이라면 몇 달 전부터 미리 예약하지 않고서는 점을 볼 수 없는 경우도 많다고 하는데요, 여러분들은 점 보는 것을 좋아하나요? 이러한 미신에 대해 어떠한 생각을 가지고 있나요?

1. 你喜欢算命吗?

2. 算命是不是迷信?

3. 你认为属相、血型和性格有关系吗?

会话

算命 suànmìng (운세·운수를) 점치다

光 guāng 단지, 오직, ~만
- 他这个人光说不做，我不喜欢他。

排队 páiduì 줄을 서다
- 大家都排队等地铁，你怎么能插队呢？

迷信 míxìn 미신을 믿다

准 zhǔn 정확하다

桃花运 táohuāyùn 여자복이나 남자복이 있다

相亲 xiāngqīn 선을 보다
- 相了十几次亲，他总是不满意，所以到现在也没结婚。

白马王子 báimǎ wángzǐ 백마 탄 왕자
- 最近他在全国比赛上获得了冠军，一下子成了女孩子们心目中的白马王子。

远在天边，近在眼前 yuǎn zài tiānbiān, jìn zài yǎnqián
　　　　　　　멀게는 하늘가에, 가깝게는 눈앞에 있다

属 shǔ 띠

运气 yùnqi 운세

交往 jiāowǎng 사귀다

反对 fǎnduì 반대하다

夹 jiā 끼우다
- 妈妈和爸爸吵架，我夹在中间，不知道该怎么办。

会话 1 Dialogue 1

track 08_2

桃花运

学长	你们两个这么兴奋，去哪儿了？
娜娜	我们去了一家很有名的算命馆算命，光排队就排了一个小时。
学长	现在都什么年代了，还这么迷信？
娜娜	那个算命先生算得特别准，你也去看看吧。
学长	我才不去呢。他说得那么准，是不是认识你啊？
娜娜	❶谁说的？我们以前根本没见过。
学长	那他说你今年运气怎么样？
娜娜	呵呵，他说我今年❷走桃花运，我决定了，我要去相亲，说不定能找到我的白马王子呢。
金秘书	我觉得你❸即使不相亲也能找到白马王子。
娜娜	为什么？
金秘书	算命先生不是说了嘛，你的桃花运"远在天边，近在眼前"，说不定就在咱们公司里呢。
娜娜	算了吧，咱们公司一个帅哥也没有。啊，部长，小俊，你们都在啊，我不是说你们……

会话 2

#2 운세 2
在办公室

属相

娜娜　小俊，告诉我你属什么，我帮你看看今年的运气怎么样。

小俊　属羊，我运气怎么样？

娜娜　网上说属羊的人今年运气不太好，特别要注意少出去花钱。

小俊　这个我❹不在乎，❺反正我也没有钱可花。你帮我看看，属羊的人和属什么的人结婚比较合适。

娜娜　哇，你还相信这个？

小俊　我不相信，可是父母们相信啊，我有一个朋友和女朋友交往三年了，可是父母一直反对他们结婚。

娜娜　为什么啊？女孩子性格不好？

小俊　不是，算命先生说他们八字不合。

娜娜　这也太迷信了吧？

小俊　没办法啊，所以我打算开始找女朋友的时候就找八字合适的，❻省得到时候夹在父母和女朋友中间，不知道该怎么办。

娜娜　我看你想找女朋友可不太容易呢。

1 谁说的

+ 반문의 표현으로, 상대방의 말에 대해 부인하거나 동의하지 않을 때 사용하는 구어체 표현이다.

- A : 听说你昨天去喝酒了?
  B : 谁说的，昨天我一下班就回家了。
- A : 听说你不喜欢小李?
  B : 谁说的，我只是不同意他的想法而已。

A : 당신 영국에 유학 갈 거죠?
B : 아니요, 저는 영국에 갈 계획이 없는데요.

2 走运/走……运

+ '(행운, ~운을) 만나다'의 뜻으로 주로 회화에서 쓰인다.

- 祝你走好运。
- 最近他走财运，买股票赚了很多钱。

 그의 일생에는 운이 좋을 때도, 운수 사나웠던 때도 있었다.

3 即使……也

+ '설령 ~라 할지라도 ~이다, 설령 ~하더라도 ~이다'의 뜻이다. 가정이나 양보를 나타내는데, 即使가 나타내는 조건은 아직 실현되지 않았거나 이미 이루어진 사실과 상반되는 일에 쓴다. 일반적으로 뒤에 也를 붙여 쓴다.

- 你穿成这个样子，即使妈妈看见你也认不出来。
- 如果没有时间，即使有钱也不能享受。

 나는 두꺼운 옷을 입고 있어서, 설령 눈이 내려도 추위를 느끼지 못할 것이다.

4 在乎/不在乎

+ 在乎는 '마음에 두다, 문제 삼다'의 뜻이다. 주로 부정의 형식으로 많이 쓰이는데 不在乎는 '개의치 않다'의 뜻이다.

> - 他这个人特别自私，根本不在乎别人的感受。
> - 我一看到他那副满不在乎的样子就生气。

 그는 이 일에 대해 조금도 개의치 않는다.

---

5 反正

+ 부사① : '어차피, 결국'의 뜻으로 원인을 설명한다.

> - 反正呆着也是呆着，我们出去看电影吧。

+ 부사② : '아무튼'의 뜻으로 상황은 다르나 결과는 다름없음을 나타낸다. 앞 문장에 不管, 无论이 온다.

> - 不管他说什么，反正我不相信。

 어차피 늦은 데다 비까지 오니 너는 가지 않는 게 좋겠다.

---

6 省得

+ 접속사로 '(바라지 않는 상황이) 일어나지 않도록, 일어나지 않게 하기 위해서'의 뜻이다. 회화에서 문장과 문장을 연결해 주는 데 많이 쓰인다.

> - 你快点起床吧，省得妈妈又唠叨。
> - 你快点儿离开这儿吧，省得遇到更多的麻烦。

너희들 먼저 가라, 비행기 놓치지 않도록.

说一说 1 Speaking

회화를 읽고, 다음 질문에 대답해 보세요.

❶ A 娜娜从哪儿回来?
   B _____

❷ A 算命先生说娜娜今年运气怎么样?
   B _____

❸ A 金秘书为什么觉得娜娜不用相亲?
   B _____

❹ A 小俊属什么?
   B _____

说一说 2

회화를 읽고, 다음 질문에 자유롭게 대답해 보세요.

❶ 你算过命吗? 算命先生说了什么?
   _____

❷ 你最近走什么运?
   _____

❸ 你属什么? 你的属相的性格特点是什么?
   _____

❹ 你觉得结婚之前应该批八字吗? 为什么?
   _____

说一说 3

회화를 읽고, 다음 주제에 맞게 자유롭게 대답해 보세요.

你去算命了，回来后告诉朋友算命的内容。

A _____ ?

B 我去算命了。

A 是吗？算命先生说什么了？

B _____ 。

A 你觉得他说得准吗？

B _____ 。

你也去算算吧，很有意思。

A _____ 。

填空

단어를 공부하고, 아래 문장에 알맞은 단어를 찾아 써 넣으세요.

보기

| 相亲 | 迷信 | 属 | 桃花运 |
| 反对 | 夹 | 算命 | 白马王子 |

娜娜日记

妈妈今天去❶_____了，回来后高兴地让我去❷_____，因为她听说今年❸_____猪的人会走❹_____，她说我今年一定能找到我的❺_____。

可是爸爸很❻_____，因为爸爸认为这是❼_____，我❽_____在他们中间，真不知道该怎么办。

课文 Text

小俊日记　　track 08_4

办公室里的算命风

最近办公室里突然刮起了算命风，大家每天都在讨论八字、手相、面相、星座、塔罗牌……五花八门，什么都有。开始只是女同事们感兴趣，没想到现在男同事们也开始关心起来，真不明白这个世界到底怎么了。

娜娜计划从下个星期开始，每个周末都去相亲，因为算命先生说她今年走桃花运，我就不相信白马王子会从天上掉下来。

男人最关心的是升职。唉，要是算算命就知道自己什么时候可以升职，那我们这么努力工作有什么用！

最近娜娜劝我去做牙齿整形，她说根据面相，牙齿整齐的人更容易发财。要是真的可以发财的话，我要好好考虑考虑。

단어

……风 fēng ~열풍 | 手相 shǒuxiàng 손금 | 面相 miànxiàng 관상 | 星座 xīngzuò 별자리 | 塔罗牌 tǎluópái 타로카드점 | 整形 zhěngxíng 성형 | 根据 gēnjù ~에 근거하여, ~에 따라 | 整齐 zhěngqí 반듯하다, 단정하다 | 发财 fācái 돈을 벌다, 부자가 되다

Listening&Speaking

🎧 track 08_5

1 녹음 내용을 듣고, 문장의 옳고 그름을 판단해 보세요.

① 办公室里只流行看八字。　　（　）

② 女同事比男同事更关心算命。（　）

③ 娜娜打算每天去相亲。　　　（　）

④ 男人关心升职。　　　　　　（　）

2 녹음 내용을 듣고, 알맞은 답을 골라 보세요.

① 办公室不流行什么？

　A 星座　　B 塔罗牌　　C 八字　　D 桃花运

② 娜娜为什么决定去相亲？

　A 想结婚　　B 年纪大了　　C 无聊　　D 最近走桃花运

③ 牙齿整齐可以＿＿＿＿＿＿。

　A 走桃花运　　B 升职　　C 赚钱　　D 更受欢迎

3 녹음 내용을 듣고, 질문에 자유롭게 대답해 보세요.

① 各种算命方式中你对哪种感兴趣？

＿＿＿＿＿＿＿＿＿＿＿＿＿＿＿＿＿＿＿＿＿。

② 你算命的时候最想知道什么？

＿＿＿＿＿＿＿＿＿＿＿＿＿＿＿＿＿＿＿＿＿。

③ 你会为了好运气去整容吗？

＿＿＿＿＿＿＿＿＿＿＿＿＿＿＿＿＿＿＿＿＿。

Exercise 1

어법의 내용을 복습하며 다음 문제를 풀어 보세요.

1 다음 문장의 옳고 그름을 판단하고, 맞는 문장으로 고치세요.

① 他今天很走运，刚上班就被老板说了一顿。（ 　 ）
　→ _____

② 虽然天气不冷，我们出去玩儿吧！（ 　 ）
　→ _____

③ 不管是总统也得买票才能进去。（ 　 ）
　→ _____

④ 你把书好好收拾一下，省得用的时候找不到。（ 　 ）
　→ _____

2 다음 제시어를 사용하여 자유롭게 작문해 보세요.

| 反正 | 例 反正呆着也是呆着，我们出去看电影吧。 |

① _____，你就多睡一会吧。
② 你好好休息几天吧，_____。
③ _____，就陪你一起去吧。

| 省得 | 例 你快点起床吧，省得妈妈又唠叨。 |

④ 到了就打电话，_____。
⑤ 你今天早点儿出发，_____。
⑥ 你应该快点儿学汉语，_____。

练习2 Exercise 2 听一听

녹음 내용을 잘 듣고 다음 문제를 풀어 보세요. track 08_6

血型

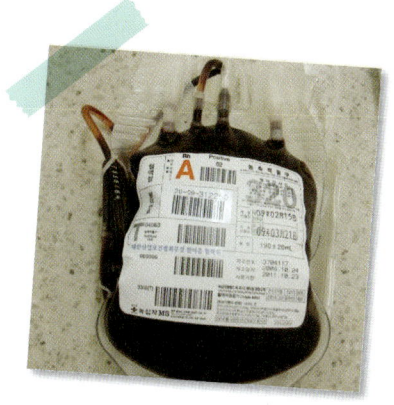
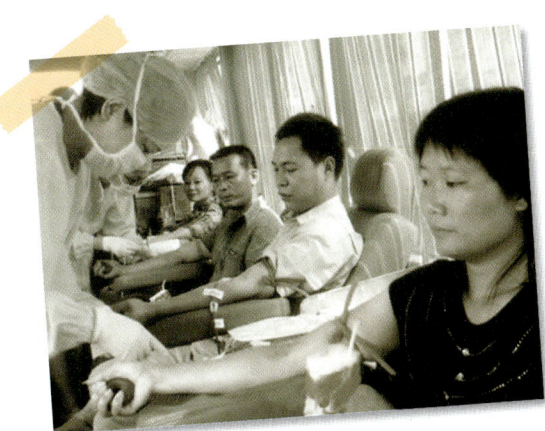

1 녹음 내용을 듣고, 문장의 옳고 그름을 판단해 보세요.

① B型是第二种出现的血型。（　　）

② 日本女孩儿不喜欢B型血的男孩儿。（　　）

③ 西方人认为血型和性格有关系。（　　）

2 녹음 내용을 듣고, 알맞은 답을 골라 보세요.

① O型出现的时间是？

　A 公元6万年　　B 公元1.5万年　　C 公元前5万年　　D 1000年以前

② 最不听老师话的血型可能是？

　A A型　　　　B B型　　　　C AB型　　　　D O型

③ 充满矛盾的血型是哪种？

　A A型　　　　B B型　　　　C AB型　　　　D O型

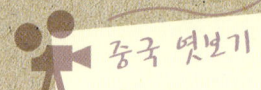

血型与性格

在人生的不同时期，血型的性格也各不相同。

A型人小时候比较任性，年轻时性格果断，很要强。走向社会后，随着年龄的增长和社会经验的积累，他们开始克制自己的情绪，表现出稳重谦虚的态度，容易成为不愿过分表现自己的谨慎派。A型人在老年时，则显得很固执。

B型人大都有一个天真浪漫的幼年期，随着年龄的增长，逐渐分成心直口快和不善于交际应酬两种类型。B型人由于性格从小到老变化不大，相对来说会让人感到他们越活越年轻。

O型人年少时比较温顺，但随着年龄的增长，他们会积极地表现出强烈的自我主张和自我表现，成为非常有魄力的人。O型人一生的变化是最大的，往往是少年温顺，老来强硬。

AB型人大多小时候怕陌生人，很内向，但长大以后善于交朋友，交际广泛。AB型人因过于自信，容易自满，老年时给人感觉很傲慢。

任性 rènxìng 제멋대로의 | **果断** guǒduàn 과단성이 있다 | **要强** yàoqiáng 승부욕이 강하다 | **积累** jīlěi 쌓이다 | **谨慎** jǐnshèn 신중하다 | **固执** gùzhí 고집스럽다 | **心直口快** xīn zhí kǒu kuài 성격이 시원시원하여 할 말이 있으면 바로 하다 | **强烈** qiángliè 강렬하다 | **魄力** pòlì 패기 | **强硬** qiángyìng 강경하다 | **陌生人** mòshēngrén 낯선 사람 | **傲慢** àomàn 오만하다

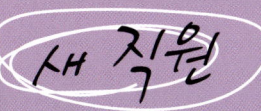 새 직원

新职员

chapter 09

이 과의 회화

1 새 직원 ①
   新职员 1

2 새 직원 ②
   新职员 2

Dialogue

이 과의 어법

既……又/也……｜毕竟｜再说｜几乎｜
除此以外｜동사+起来

Grammar

다양한 직업

사회가 발전하면서 청소 전문 업체, 해충 방지 업체 등등 다양한 직업들이 생기고 있습니다. 사무실에서 열심히 일하는 사람이 있다면 현장에서 땀 흘리며 뛰는 사람도 있어야 하겠지요. 또 새로운 직종과 직업들의 생성은 대학을 갓 졸업한 사회 초년생에게는 하나의 기회가 될 수도 있을 것입니다. 여러분들은 어떠한 직업에 관심을 갖고 있나요?

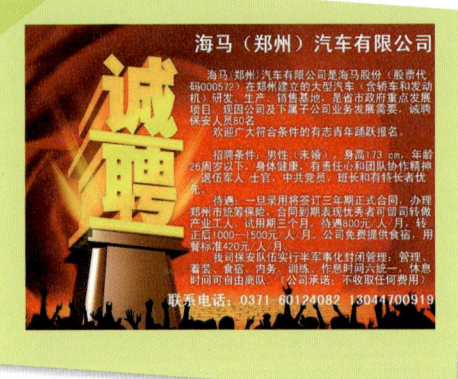

1. 你们公司每年都招聘新职员吗？

2. 你的部门需要什么样的职员？

3. 你喜欢应届毕业生还是有工作经验的人？

生词 Words
track 09_1

会话

设立 shèlì 세우다, 설립하다
- 政府设立了几个专门机构管理股票市场。

分公司 fēngōngsī 지사

招聘 zhāopìn 모집하다, 초빙하다

熟悉 shúxī 익숙하다, 익히 알다, 충분히 알다

交流 jiāoliú 교류하다

贸易 màoyì 무역

工商管理 gōngshāng guǎnlǐ 공상 관리, 경영

培训 péixùn (기술자나 전문 간부 등을) 양성하다, 교육하다
- 最近为了找工作，很多人都去参加培训班。

善于 shànyú ~에 능숙하다
- 他不善于和别人争吵。

应届毕业生 yīngjiè bìyèshēng 올해 졸업자 및 졸업 예정자

个性 gèxìng 개성

创造力 chuàngzàolì 창조력

创办 chuàngbàn 세우다, 설립하다

社团 shètuán 동아리

门外汉 ménwàihàn 문외한
- 对于电脑他是门外汉，什么都不知道。

文件 wénjiàn 문서
- 在电脑里有很多文件，电脑要是坏了就糟了。

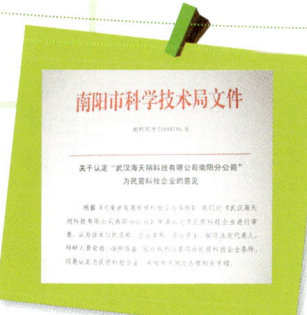

#1 새 직원 1
在办公室

新职员 1

部长 明年公司要在香港设立分公司，打算招聘一批新职员，人力部希望听听我们的意见。

学长 到香港工作的话，一定得找熟悉香港环境的，粤语一定要好，最好是香港人。

小俊 英语也很重要，如果能说韩国语就更好了，方便和总公司交流。

金秘书 得找个 ❶既勤快，适应力又强的，刚设立的分公司，活肯定特别多。

小俊 我觉得贸易或者工商管理专业的比较好，❷毕竟在学校学过一些，培训起来也容易。

娜娜 我倒觉得专业不太重要，学校学的和工作是两回事，上了班都得从头开始。

小俊 那我们应该找个男孩儿吧，新的分公司压力最大，男孩儿更合适。

娜娜 你的想法太过时了！现在的女孩子也很能吃苦，❸再说女孩子更善于处理人际关系。

学长 我觉得不管男孩儿女孩儿，一定要选个外貌好的，这年头儿形象最重要。男的要帅，要高，女的要漂亮要温柔。

小俊 我也觉得，说实话，咱们办公室最缺的就是温柔的美女。

娜娜 你以为你在找老婆吗！

新职员 2

金秘书 听说了吗？新职员明天就到。

娜娜 是个什么样的人？

金秘书 听说是香港大学的应届毕业生，专业是国际贸易。

娜娜 不是有很多有经验的人吗？为什么选了一个应届毕业生？

金秘书 部长说年轻人想法多，有个性，有创造力，适应环境适应得更快些。

娜娜 性格怎么样？

金秘书 听说港大❹几乎没有人不认识他，创办了几个社团，篮球打得也不错。❺除此以外，假期还经常打工，所以虽然没有正式工作经验，但也不算是门外汉。

娜娜 这么厉害，我们得紧张❻起来了，要是被一个刚来的新职员比下去，这面子往哪儿放？

金秘书 紧张倒不用，不过这些文件得收拾❻起来，我们要给新同事留下一个好印象。

1 既……又/也……

+ '~할 뿐만 아니라, 또 ~하다'의 뜻으로, 성질이나 상황이 병존함을 나타낸다. 음절 수가 같은 동사나 형용사를 이어준다.

- 这篇文章既生动又活泼。
- 她既漂亮又聪明，很多人都喜欢她。

 그는 나의 선생님이기도 하고 친구이기도 하다.

2 毕竟

+ 부사로 '결국, 마침내, 필경'의 뜻으로 결론을 나타낸다.

- 她毕竟只是个孩子，这些事情还不能理解。
- 教育孩子要讲究方法，毕竟他们跟我们小时候不一样。

 비록 늦었지만 그는 결국에는 왔어요.

3 再说

+ ① 동사 : '~한 후에 말하다, 다시 이야기하다'라는 뜻이다. 뒤로 미루었다가 나중에 처리하거나 고려한다는 의미가 있다.

- 这件事情等经理回来再说吧。

② 접속사 : '게다가, 덧붙여 말할 것은'의 뜻이다.

- 我今天不想爬山，再说天气也不好，我们还是呆在家里吧。

 어쨌든, 네가 먼저 그를 찾은 후에 다시 이야기하자!

4 几乎

+ 부사로 '거의'의 뜻이다. 어떤 한도에 매우 가까운 정도를 나타낸다.

> - 他高兴得**几乎**跳了起来。
> - 爷爷已经八十岁了，头发**几乎**全白了。

 그의 중국어 발음은 매우 좋아서 중국인과 거의 똑같다.

---

5 除此以外

+ '이외에, 그 밖에'의 뜻으로 앞에서 말한 상황이나 사물을 제외한 것을 가리키며, 간단히 此外라고도 쓴다.

> - 妈妈最喜欢看电影，**除此以外**没别的爱好。
> - 小王的英语、汉语都很好，**除此以外**还会说一点儿日语。

 이거 아니면, 어떤 방법이 있는지 잘 모르겠어요.

---

6 동사 + 起来

+ 동사 뒤에 起来를 붙여 한곳으로 모으려는 목적을 이루었다는 의미이다.

> - 屋子里太乱了，你把这些书都**放起来**吧。
> - 你把这些东西**藏起来**，别让妈妈发现。

 그들은 커피를 포장하고 있다.

Speaking

说一说 1

회화를 읽고, 다음 질문에 대답해 보세요.

❶ A 公司为什么招聘新职员？
   B _____

❷ A 大家对新职员的外国语有什么要求？为什么？
   B _____

❸ A 大家认为应该选男孩儿还是女孩儿？
   B _____

❹ A 新来的职员是哪个大学毕业的？
   B _____

说一说 2

회화를 읽고, 다음 질문에 자유롭게 대답해 보세요.

❶ 如果你的公司招聘新职员，那么你对新职员有什么要求？
_____

❷ 你认为外貌对找工作有影响吗？
_____

❸ 有经验的人和应届毕业生找工作时各有哪些优点和缺点？
_____

❹ 新职员的到来会给公司带来什么样的变化？
_____

说一说 3

회화를 읽고, 다음 주제에 맞게 자유롭게 대답해 보세요.

> 你的公司要招聘新职员，讨论一下。

A 我们需要一个新职员，大家觉得应该招聘什么样的人？

B 我们是_____部门，所以_____。

A 性格_____更好。

B 我觉得应该选男职员，因为_____。

   (我觉得女职员更好，_____。)

A 什么专业比较好呢？

B _____。外貌有要求吗？

A 我希望_____。

填空

단어를 공부하고, 아래 문장에 알맞은 단어를 찾아 써 넣으세요.

보기　创立　应届毕业生　门外汉　熟悉　贸易　工商管理　招聘

娜娜日记

最近❶_____找工作越来越难，为了帮助他们，政府❷_____了一个培训班，讲课内容主要是❸_____知识，很多有名的公司的经理和大学教授来讲课，即使是❹_____也可以很快❺_____业务，还有很多公司都来这里❻_____职员。因此越来越受到❼_____专业学生的欢迎。

课文 Text

新职员 3

　　最近办公室里小道消息满天飞,都是关于新同事的,每个人说法都不一样,不知道应该相信谁。问部长,部长笑眯眯的什么都不说,大家也就只能等新同事来报到了。

　　今天,被我们讨论了大半个月的主人公终于出现了。事实证明,小道消息是靠不住的,新职员居然有两个!一男一女,男的是港大毕业的,听说是校园白马王子;女的是广州外国语大学的学生,头发长长的,说话声音很好听,不过看起来她更喜欢说粤语,我听不懂。

　　两个新职员由我负责教他们业务,虽然两个人都不错,但新职员毕竟是新职员,不懂的太多。我现在终于理解娜娜当初为什么那么讨厌我了。自己的工作已经忙得不得了,还得回答他们的问题,有时候真想冲他们发脾气。

　　不过这两个新职员每天给我买饮料,我也不好意思生气。现在想想,要是当初我也这样,娜娜可能就不会那么生气了。现在的年轻人真是不一样,看来我有点儿跟不上时代了!

小道消息 xiǎodào xiāoxi 길에서 주워들은 말 | 主人公 zhǔréngōng 주인공 |
靠不住 kàobuzhù 의지할 수 없다, 신뢰할 수 없다 | 跟不上时代 gēnbushàng shídài 시대를 따라잡을 수 없다

听和说

Listening&Speaking

🎧 track 09_5

1 녹음 내용을 듣고, 문장의 옳고 그름을 판단해 보세요.

❶ 大家已经知道要来两个新职员。　（　　）

❷ 男职员很帅。　（　　）

❸ 女职员是港大的学生。　（　　）

❹ 小俊觉得他们很麻烦。　（　　）

2 녹음 내용을 듣고, 알맞은 답을 골라 보세요.

❶ 新来的男职员是从哪个大学毕业的？

　A 广外　　B 香港大学　　C 北大　　D 不知道

❷ 新的女职员的优点可能是什么？

　A 外语好　　B 头发长　　C 买饮料　　D 漂亮

❸ 两个新职员什么方面做得很好？

　A 业务　　B 问题多　　C 人际关系　　D 不知道

3 녹음 내용을 듣고, 질문에 자유롭게 대답해 보세요.

❶ 你们公司(学校)有什么小道消息？你觉得小道消息靠得住吗？

　_____。

❷ 你喜欢什么样的新职员？

　_____。

❸ 你喜欢教新职员吗？新职员最让你头疼的(高兴的)是什么？

　_____。

새 직원 新职员

Exercise 1

어법의 내용을 복습하며 다음 문제를 풀어 보세요.

1 다음 문장의 옳고 그름을 판단하고, 맞는 문장으로 고치세요.

① 汉语学了这么多年毕竟，去中国应该没有问题。（　）
　→ _____

② 这件事情再说吧以后。（　）
　→ _____

③ 今天车堵得太厉害，他几乎迟到了。（　）
　→ _____

④ 屋子里太乱了，你把这些书都收拾出来吧。（　）
　→ _____

2 다음 제시어를 사용하여 자유롭게 작문해 보세요.

| 既……也/又…… | 例 这篇文章既生动又活泼。 |

① 妈妈_____。
② 发生了这种事，_____。
③ 你既要有决心，_____。

| 毕竟 | 例 她毕竟只是个孩子，这些事情还不能理解。 |

④ _____，你就不要这么生气了。
⑤ _____，我不能马上做决定。
⑥ 不管怎么样，_____。

练习 2 Exercise 2 听一听

녹음 내용을 잘 듣고 다음 문제를 풀어 보세요. track 09_6

简历

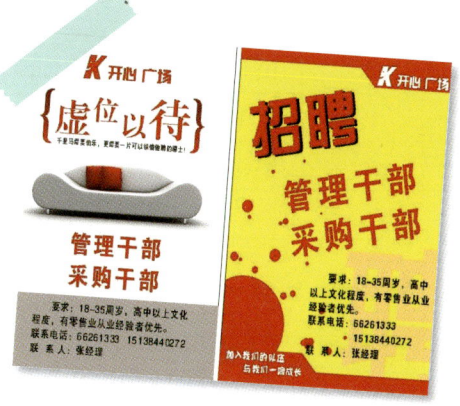

1 녹음 내용을 듣고, 문장의 옳고 그름을 판단해 보세요.

❶ 三个人都是本科学历。（　　）

❷ 三个人英语都很好。（　　）

❸ 小张没有工作经验。（　　）

2 녹음 내용을 듣고, 알맞은 답을 골라 보세요.

❶ 谁的英语可能最好？

　A 小张　　　B 小王　　　C 小李　　　D 都不好

❷ 小王的优点是什么？

　A 英语好　　B 经验丰富　C 会韩国语　D 有会计证

❸ 如果需要招聘秘书，哪个人最合适？

　A 小张　　　B 小王　　　C 小李　　　D 都不好

个人简历

姓名		性别		民族	
出生年月		联系电话		工作经验	
学历		专业		毕业学校	

住址	
电子邮箱	
求职意向	
目标职位	
目标行业	
期望薪资	
期望地区	
到岗时间	

工作经历

20XX—至今

20XX—20XX

教育培训

参考: 关于XX方面的专业技能培训,获得了XX资格证书。

　　　　XX大学XX专业 本科

　　　系统学习了XX方面的理论知识,具有XX职业的工作能力。

自我评价

网络新现象

인터넷

chapter **10**

Dialogue

이 과의 회화
1. 인터넷 ①
   拼团
2. 인터넷 ②
   拼房

Grammar

이 과의 어법
拿……来说 | 既然……就…… |
동사+得/不+过来 | 趁 | 只要 | 何况

Speaking

인터넷 세대

언제부터인가 인터넷은 우리 생활과 떼려야 뗄 수 없는 새로운 동반자가 되었습니다. 마치 친구처럼 없어서는 안 될 중요한 것 중의 하나이지요. 영화 보고, 음악 듣고, 게임하고, 숙제도 하고, 이야기도 하고 정말 다양한 것을 할 수 있는 것이 바로 인터넷인데요, 여러분은 인터넷으로 주로 무엇을 하나요?

1. 你常常用电脑做什么?

2. 网络给你带来了哪些便利和烦恼?

3. 韩国的网民有什么特点?

生词 Words
track 10_1

会话

拼 pīn 서로 합치다
- 大家都喜欢玩儿拼图游戏。

网络 wǎngluò 네트워크(network)

实行 shíxíng 실행하다

详细 xiángxì 상세하다, 자세하다

地段 dìduàn 구역, 지역

信息 xìnxī 정보
- 房地产公司给他提供了很多信息。

一举两得 yì jǔ liǎng dé 한 가지 일로써 두 가지의 이익을 얻다

厨师 chúshī 요리사

野营 yěyíng 야외에 막사를(천막을) 치고 숙박하다, 야영하다

指挥 zhǐhuī 지휘하다

明媚 míngmèi (자연 경관이) 맑고 아름답다
- 夏天的阳光很明媚。

傍晚 bàngwǎn 저녁 무렵

沙滩 shātān 모래톱, 사주(砂洲), 백사장(白沙场)

夕阳 xīyáng 석양
- 夕阳无限好，只是近黄昏。

接触 jiēchù 접촉하다
- 我从来没有接触过这种游戏。

保守 bǎoshǒu 보수적

黄金单身汉 huángjīn dānshēnhàn 조건이 아주 좋은 독신 남자

Dialogue 1

在酒店里

拼团

小俊 马上要休假了，你有什么计划？

娜娜 我准备当一回拼客，拼个旅游团。

小俊 拼客是什么？

娜娜 这你都不知道？拼客是指通过网络聚在一起，共同完成一件事，最后实行AA制的人。

小俊 你能不能说得再详细点儿？我还是没听明白。

娜娜 ❶拿租房子来说吧，一个人租很贵，合租就会很便宜。不过你的朋友都不想住在这个地方，那你怎么办？

小俊 ❷既然这样，我就只能自己租，或者换个地方了。

娜娜 如果是拼客，他们就会把地段、价格等信息放到网上。

小俊 啊，我明白了，通过网络，我就可以找到合租的人。

娜娜 对啊，这样拼一下，既可以交到朋友，又可以节省房租，不是一举两得吗？

小俊 太好了，那这次拼团也算我一个，我们再找一个会开车的人，一个厨师，一个导游，然后租一辆车去野营。

娜娜 导游恐怕没有时间，现在是旅游旺季，他们赚钱都忙不❸过来了，哪有时间陪你？我来当导游吧。不过你做什么？

小俊 呵呵，我负责指挥你们啊！

拼房

金秘书 部长，听说娜娜他们想要拼团旅游，您打算做什么？

部长 我只想找个阳光明媚的地方，没有工作，没有电脑，早晨六点起床，晚上十点睡觉，白天晒晒太阳，吹吹海风，傍晚在沙滩上看夕阳。

娜娜 既然如此，我们把您的想法放到网上，您也找个人拼个团吧。

金秘书 对啊，部长平时忙得没有时间谈恋爱，正好❹趁这个机会找个女朋友。

小俊 想找女朋友，还是拼房吧，男女合租，接触的机会比较多。

娜娜 我觉得男女合租只是电视剧里的，东方社会保守得很，现实生活中哪个女孩子有勇气和男孩子合租？

小俊 咱们部长长得帅，工作也好，是个真正的黄金单身汉，我觉得❺只要放在网上，就会有一堆美女来合租的。

部长 我的感情生活不用你们担心，❻何况我有自己的房子，不用合租。好了，侃大山的时间到此为止，都去干活！

 Grammar

1 拿……来说

+ 어떤 분야에 대해서 화두를 꺼낼 때 쓰는 말로 '~에 대해서 말하자면'의 뜻이다.

- 拿成绩来说，小王比小张好。
- 拿条件来说，外国公司确实比国内企业好一些。

 제품의 품질로 말하자면 최근 많이 향상되었다.

2 既然……就……

+ 既然은 '이왕 그렇게 된 바에야, 기왕 그렇게 된 이상'의 뜻이다. 이미 실현되었거나 확정된 일을 제시하며 뒤 절에서는 이 전제에 근거하여 결론을 제시한다. 뒤에 주로 就, 也, 还 등과 호응한다.

- 既然身体不舒服，就好好休息吧。
- 既然让我负责这件事，那就应该相信我。

 기왕 네가 꼭 가겠다고 하니, 나도 반대하지 않겠다.

3 동사 + 得/不 + 过来

+ '완벽하게 (동사)할 수 있다/없다'의 뜻으로, 주로 동사 뒤에 쓰여 시간, 공간, 능력 등이 충분하거나 혹은 충분하지 않음을 나타낸다.

- 这么多书，我三天恐怕看不过来。
- 一下子来了三个孩子，姐姐一个人照顾不过来。

 일이 많지 않아서 저 혼자서 다 할 수 있어요.

4 趁

+ '(조건이나 기회를) 틈타, ~하는 김에'의 뜻이다. 2음절 이상의 단어나 구가 오는 경우에는 趁着를 사용한다.

> - 这次的会议很重要，我们还是趁早准备吧。
> - 趁着天还没黑，再练习练习吧。

 남은 시간을 이용하여 다시 한번 연습하자.

5 只要

+ 只要는 '~만 하면, 오직 ~한다면'의 뜻이 있다. 주로 就와 호응하며 결과를 위해 필요한 조건을 나타낸다.

> - 只要你把道理讲清楚，他就一定会同意的。
> - 只要你细心一点儿，一定可以得100分。

 우리가 그에게 전화로 알려만 주면, 그는 물건을 보내올 수 있다.

6 何况

+ 접속사로 '하물며, 더군다나'의 뜻이다. 주로 뒤 절의 첫머리에 놓이며 반문의 어기로 쓰인다.

> - 帅哥我都不一定喜欢，何况像他这样的老男人！
> - 他的妈妈都不明白他为什么这样做，何况你呢！

 네가 마중 나가라. 이곳은 워낙 찾기도 어렵고, 게다가 그녀는 또 처음 오는 것이거든.

Speaking

说一说 1

회화를 읽고, 다음 질문에 대답해 보세요.

❶ A 拼客是什么?
   B _____

❷ A 拼客怎样找伙伴?
   B _____

❸ A "拼"有什么好处?
   B _____

❹ A 部长想怎么度假?
   B _____

说一说 2

회화를 읽고, 다음 질문에 자유롭게 대답해 보세요.

❶ 如果你是拼客,你想拼什么?
   _____

❷ 讲一个"一举两得"的例子。
   _____

❸ 你觉得男女合租怎么样?
   _____

❹ 除了"拼客"你还知道哪些网络现象?
   _____

说一说 3　회화를 읽고, 다음 주제에 맞게 자유롭게 대답해 보세요.

你想拼团。

A 你在干什么？
B _____。
A 什么样的团？
B _____。
A 算我一个，费用大概是多少？
B _____。我们再找一个_____。
A 太好了。

填空　단어를 공부하고, 아래 문장에 알맞은 단어를 찾아 써 넣으세요.

보기					
	野营	傍晚	接触	黄金单身汉	网络
	地段	指挥	厨师	保守	夕阳

娜娜日记

一个雨后的 ❶_____，❷_____特别美。
我在一家咖啡厅里，认识了一个 ❸_____。
他在城市的黄金 ❹_____有自己的房子，房子里有自己的
❺_____，每天在公司里他 ❻_____很多人工作。
他的爱好是 ❼_____。和他 ❽_____后我发现他的思想很
❾_____，❿_____上流行的很多东西，他几乎都不太喜欢。
我把这个人介绍给了姐姐，现在他成了我的姐夫。

课文 Text

娜娜日记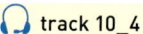

威客

　　最近在中国的报纸上经常出现"威客"这个词，那"威客"到底是什么呢？"威客"的英文是"Witkey"，就是"The key of wisdom"的缩写，是指通过网络把自己的智慧、知识、能力、经验变成实际收益的人。

　　随着网络的发展，人们认识到网络不仅是机器的联网，更是人大脑的联网。在这样的背景下，威客网站就产生了。

　　当我们遇到问题时，我们可以把任务和奖金放到威客网站上，而威客们看到任务后把自己的解决方案也放到网站上，最后网站把奖金的80%奖给最好的威客，剩下的20%就是网站的收入了。通过这种方式，我们的知识、经验都可以变成真正的财富。

　　听说优秀的威客收入非常高，威客已经成为很多年轻人的事业。

　　想通过网络变成百万富翁吗？那就快点儿加入威客网站，成为一名威客吧。

단어
威客 wēikè 인터넷 환경에서의 지식, 지능, 기술, 경험을 교류하는 플랫폼 | 缩写 suōxiě 약어 | 智慧 zhìhuì 지혜 | 收益 shōuyì 수익 | 网站 wǎngzhàn 웹사이트 | 奖金 jiǎngjīn 상금 | 财富 cáifù 재산, 부 | 百万富翁 bǎiwàn fùwēng 백만장자

Listening&Speaking

🎧 track 10_5

1 녹음 내용을 듣고, 문장의 옳고 그름을 판단해 보세요.

① 大家都不知道威客是什么。　（　　）

② 网络只是机器的联网。　（　　）

③ 我们可以免费利用威客网站。（　　）

④ 威客的收入都非常高。　（　　）

2 녹음 내용을 듣고, 알맞은 답을 골라 보세요.

① 威客可以赚多少钱？

　A 全部奖金　　　　　B 奖金的80%

　C 奖金的20%　　　　D 不知道

② 关于威客网站下面哪一项是错误的？

　A 产生的时间很长　　B 越来越受欢迎

　C 可以赚钱　　　　　D 是人大脑的联合

3 녹음 내용을 듣고, 질문에 자유롭게 대답해 보세요.

① 韩国有没有威客网站？

　_____

② 你认为威客网站可能有什么优点和问题？

　_____

③ 你会把什么样的问题放在网上请人帮忙呢？

　_____

Exercise 1 어법의 내용을 복습하며 다음 문제를 풀어 보세요.

1 다음 문장의 옳고 그름을 판단하고, 맞는 문장으로 고치세요.

① 现在的生活越来越丰富了，对吃的来说，各国的菜都有。（　　）
→ _____

② 作业太多，他写不过去。（　　）
→ _____

③ 妈妈没发现，趁着快点儿回家。（　　）
→ _____

④ 国宝三号是什么韩国人都不知道，而且我呢！（　　）
→ _____

2 다음 제시어를 사용하여 자유롭게 작문해 보세요.

| 趁 | 例 趁着天还没黑，再练习练习吧。|

① _____，我去了不少地方旅游。
② _____，我们快点儿准备吧。
③ _____，努力学习吧。

| 只要 | 例 只要你细心一点儿，一定可以得100分。|

④ 我可以把这本词典借给你，_____。
⑤ _____，我就不能放弃。
⑥ _____，我就会多陪陪父母。

녹음 내용을 잘 듣고 다음 문제를 풀어 보세요.   🎧 track 10_6

晒黑族

1 녹음 내용을 듣고, 문장의 옳고 그름을 판단해 보세요.

① "晒黑"就是把社会上不公平的事写到网上。（　　）

② "晒黑"活动只有卫生部门重视。（　　）

③ "晒黑族"以后不流行。（　　）

2 녹음 내용을 듣고, 알맞은 답을 골라 보세요.

① 高级饭店有什么问题？

   A 厨房小　　B 厨房不干净　　C 没有厨房　　D 厨师不好

② "晒黑族"们追求的是什么？

   A 晒黑　　B 正义　　C 上网　　D 政府的重视

③ 根据这段话可以知道说话人对"晒黑族"的态度是什么？

   A 表扬　　B 批评　　C 反对　　D 无所谓

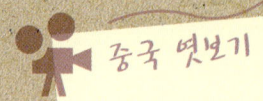

晒客

晒客,是从英语share来的,就是把自己的收获,喜欢的东西拿出来放在网上,和别人分享。这种分享,只是为了展示生活,分享快乐。这种分享最重要的是网友之间的交流。最近最流行的就是晒工资了。

在搜索引擎中输入"晒工资",可以看到近150万个相关网页。在"晒工资"的网站上,还分城市和地区,让晒客选择合适的地点晒收入。从公务员到公司秘书,从刚毕业的大学生到硕士毕业6年的"金领",公布工资条的帖比比皆是,而且人气很高。发布者不仅主动公布行业、职业,还把基本工资、奖金、保险金、扣税等一一列出,最终还注明实发金额,有的甚至将工资条的照片发到网上,以表明信息的真实性。

想了解各个行业的收入情况吗? 到晒客网去看看吧。

단어

分享 fēnxiǎng 함께 나누다 | **搜索引擎** sōusuǒ yǐnqíng 검색 엔진 | **金领** jīnlǐng 골드 칼라 | **帖** tiě (인터넷에 올린) 글, 문장 | **比比皆是** bǐbǐ jiē shì 흔히 볼 수 있다 | **注明** zhùmíng 주석하여 설명하다 | **实发金额** shífā jīn'é 실제 지급액

일상생활
日常生活

chapter 11

Dialogue

이 과의 회화
1. 일상생활 ①
   早餐
2. 일상생활 ②
   广告

Grammar

이 과의 어법
过去 | 不然 | 不是 A 就是 B | 忍不住 | 总之 | 对得起

Speaking

일상생활

중국 사람들은 아침을 집에서 먹지 않고 주로 밖에서 해결한다고 합니다. 맞벌이 부부가 많고 출근 시간이 비교적 이르기 때문이라고 하는데요, 그래서 그런지 아침 식사 거리도 다양하고 아침을 파는 상점도 굉장히 많습니다. 물론 아침을 먹으려고 기다리는 사람도 많고요.

중국의 아침 모습과 비교하여 우리는 어떠한지 이야기해 보아요.

1. 你每天有时间吃早饭吗?

2. 你最喜欢什么样的早餐?

3. 你喜欢看什么样的广告?

生词 Words 🎧 track 11_1

会话

豆浆 dòujiāng 두유, 콩국

油条 yóutiáo 밀가루 반죽을 발효시켜 소금으로 간을 한 후, 모양을 길쭉하게 만들어 기름에 튀긴 바삭바삭한 식품

小笼包 xiǎolóngbāo 작은 만두

粥 zhōu 죽

▶ 妈妈熬的小米粥很好吃。

物美价廉 wù měi jià lián 물건도 좋고, 값도 싸다

空腹 kōngfù 빈속

▶ 空腹或过饱时不要游泳。

有限 yǒuxiàn 한계가 있다, 제한적이다

填 tián 채우다, 막다, 메우다

挑食 tiāoshí 편식하다

套餐 tàocān 세트 요리

大结局 dàjiéjú 결말

隔 gé 간격을 두다

插 chā 끼우다, 삽입하다

▶ 把花插在花瓶里吧。

画面 huàmiàn 화면

代言 dàiyán 광고 출연하다, 대신 말하다

▶ 最近LG手机请金泰熙代言做广告。

耐心 nàixīn 인내심(이 있다)

观众 guānzhòng 시청자

着想 zhuóxiǎng (어떤 사람이나 어떤 일의 이익을 위해) 고려하다, 배려하다

▶ 他做事总是先替别人着想，难怪那么多人都尊敬他。

收视率 shōushìlǜ 시청률

会话 1

track 11_2

早餐

娜娜 小俊,有没有吃的东西,我饿得快晕❶过去了。

小俊 没有,我早上总是买外面的小吃,我最喜欢中国的早餐了,豆浆、油条、小笼包、粥……样式又多,味道又好,价格还便宜,真是物美价廉啊!

娜娜 不要再说了!

小俊 呵呵,❷不然问问金秘书吧。

娜娜 金秘书早上只吃水果,她说"早上的水果是金",早上吃对皮肤最好。可是我空腹吃水果会肚子疼。

小俊 部长那儿应该有吃的吧!

娜娜 部长的早餐❸不是面包加咖啡,就是咖啡加面包,我才不要。

小俊 天天吃他不觉得腻吗?

娜娜 部长说人的精力是有限的,他不想浪费时间想早餐应该吃什么,反正吃什么都一样,只要能填饱肚子就好。

小俊 你呀,又懒又挑食,我偷偷出去帮你买汉堡套餐好了!

娜娜 会胖的……

Dialogue 2

track 11_3

广告

小俊 昨天晚上那个电视剧的大结局你看了吗？

娜娜 别提了，每隔十几分钟，就插一个广告，真让人生气。

小俊 我觉得看广告也不错，现在的广告画面美，广告中的故事也很有意思。还有那些请明星代言的广告，可以看到很多俊男美女啊！

娜娜 再好的广告，插在电视剧中间，也会让人❹忍不住生气的。

小俊 你得有点儿耐心，广告时间你就当是休息时间好了。

娜娜 ❺总之，这些广告公司一点儿也不替观众着想。

小俊 这样广告的收视率才高啊，咱们公司的广告也是在电视剧中间播的。

娜娜 唉，我们一定要请明星拍一个美美的广告，这样才❻对得起观众！

Grammar

1 过去

➕ ① '지나치다, 지나가다'라는 뜻의 동사로, 다른 곳으로 이동함을 나타낸다.

> ■ 台风刚过去，大雨又来了。

② 晕, 昏, 死 등의 동사 뒤에 놓여 '원래 또는 정상의 상태를 벗어났다'라는 뜻으로 쓰인다.

> ■ 他太累了，晕过去了。
> ■ 她刚刚清醒两分钟又昏过去了。

 차 한 대가 문 앞으로 방금 지나갔다.

2 不然

➕ '만약 그렇지 않으면'이라는 뜻의 접속사로, 결과나 결론의 절을 이끈다.

> ■ 今天一定得把工作做完，不然明天怎么能好好儿玩儿呢？
> ■ 你可以打电话找他，不然去他家也可以。

 편지를 써야겠어, 그렇지 않으면 집에서 걱정할 거야.

3 不是A 就是B

➕ 'A가 아니면 B이다, A이거나 B이다'의 뜻이다.

> ■ 休息的时候，他不是吃饭就是睡觉。
> ■ 看他的态度，不是特别喜欢你就是特别恨你。

 그는 다른 취미가 없어서 책을 보지 않으면 음악을 듣는다.

4 忍不住

+ '참을 수 없다, 억누르지 못하다, ~하지 않을 수 없다'의 뜻이다.

> - 他的表情让我**忍不住**想哭。
> - 我真气得**忍不住**了。

 그의 표정은 나로 하여금 웃음을 참을 수 없게 하였다.

5 总之

+ 접속사로 '한마디로 말하면, 총괄하자면, 요컨대'의 뜻이다. 总而言之로 바꾸어 쓸 수 있다.

> - 有的人喜欢听音乐，有的人喜欢看电视，**总之**，各人都有各人的爱好。
> - 不管怎样，**总之**不能离婚。

 한마디로 말해서 이 일은 내가 허락하지 않을 것이다.

6 对得起

+ 对得起는 동사로 '면목이 서다, 떳떳하다'의 뜻이다. 반의어로는 对不起가 있다.

> - 你做这种事，怎么**对得起**你的父母?
> - 做事要**对得起**自己的良心。

 대학생이 자살하면 누구에게 떳떳할 수 있지?

Speaking

说一说 1
회화를 읽고, 다음 질문에 대답해 보세요.

❶ A 小俊觉得中国的早餐怎么样?
   B _____

❷ A 金秘书早上吃什么?
   B _____

❸ A 部长早上吃什么?
   B _____

❹ A 娜娜为什么生气?
   B _____

说一说 2
회화를 읽고, 다음 질문에 자유롭게 대답해 보세요.

❶ 韩国人一般吃什么样的早餐?
   _____

❷ 你的早餐是什么?
   _____

❸ 韩国的电视剧中间插播广告吗?
   _____

❹ 你喜欢什么样的广告?
   _____

说一说 3

회화를 읽고, 다음 주제에 맞게 자유롭게 대답해 보세요.

> 讨论一下广告。

A 你喜欢什么样的广告?
B _____。你呢?
A 我觉得明星代言的广告_____。
B 但是_____。
A 你们国家什么时间的广告最贵?
B _____。

填空

단어를 공부하고, 아래 문장에 알맞은 단어를 찾아 써 넣으세요.

보기

| 挑食 | 小笼包 | 物美价廉 | 代言 |
| 有限 | 观众 | 画面 | 收视率 |

娜娜日记

最近一个 ❶_____ 广告 ❷_____ 特别高。

广告的 ❸_____ 处理的特别好,一看就让人流口水。

由于资金 ❹_____,这个广告并没有请明星做 ❺_____,而是请了一些可爱的孩子。❻_____ 们特别喜欢,就连 ❼_____ 的人看了都想尝一尝。

而且价格也很便宜,真可以说是 ❽_____ 啊。

课文 Text

小俊日记  track 11_4

办公室的早餐

　　中国有句俗话："早吃好，午吃饱，晚吃少"，在中国生活了这么长时间，我最满意的就是中国的早餐。中国的早餐种类多，营养丰富，味道也不错，而且到处都可以买到，对上班族来说，真是再方便不过了。只要早上早起十几分钟，我们就可以找到物美价廉的美食，我想中国人一定天天吃早餐。

　　可是结果真是出乎意料。办公室里金秘书天天早上吃一个苹果，水果怎么能当早餐呢，这样一定会得胃病的。部长是个工作狂，天天面包加咖啡，而且是三分钟吃完，我觉得再这样下去，部长就得进医院了。娜娜呢，经常饿到中午，难怪她早上脸色特别不好。娜娜天天研究美女吃什么，我不知道美女到底吃什么，不过我想不吃早餐的美女肯定美不了多长时间。

　　只有学长最幸福，每天有爱人做饭，而且听说他的爱人厨艺特别好。看来找女朋友的条件还得加一个，就是做饭的手艺要好。

出乎意料 chū hū yì liào 예상을 벗어나다, 뜻밖이다 | 厨艺 chúyì 음식 솜씨 | 手艺 shǒuyì 솜씨

听和说 Listening&Speaking

🎧 track 11_5

1 녹음 내용을 듣고, 문장의 옳고 그름을 판단해 보세요.

① 中国人很重视早餐。　　　　　（　）

② 小俊喜欢韩国的早餐。　　　　（　）

③ 娜娜下午的时候脸色不太好。　（　）

④ 部长喜欢吃面包，所以天天吃。（　）

2 녹음 내용을 듣고, 알맞은 답을 골라 보세요.

① 谁早上吃苹果？

　A 小俊　　　B 学长　　　C 娜娜　　　D 金秘书

② 谁喜欢喝咖啡？

　A 娜娜　　　B 部长　　　C 小俊　　　D 不知道

③ 小俊为什么觉得学长幸福？

　A 可以吃早餐　B 爱人漂亮　C 爱人厨艺好　D 不知道

3 녹음 내용을 듣고, 질문에 자유롭게 대답해 보세요.

① 你是怎样保持健康的？

　_____。

② 你每天吃早餐吗？

　_____。

③ 你认为什么样的早餐最有营养？

　_____。

Exercise 1

어법의 내용을 복습하며 다음 문제를 풀어 보세요.

1 다음 문장의 옳고 그름을 판단하고, 맞는 문장으로 고치세요.

① 天气太热，他突然晕过来了。（　　）
   → _____

② 他每天早上不是坐地铁就是坐公共汽车。（　　）
   → _____

③ 电影太感人了，她忍得住哭了。（　　）
   → _____

④ 这样做怎么对不起朋友！（　　）
   → _____

2 다음 제시어를 사용하여 자유롭게 작문해 보세요.

| 不是……就是…… | 例　休息的时候，他不是吃饭就是睡觉。 |

① 最近有很多时间，_____。
② 根据他的说法，_____。
③ 她最近没有事儿，_____。

| 总之 | 例　不管怎样，总之不能离婚。 |

④ 闹归闹，_____。
⑤ 不管工资有没有上涨，_____。
⑥ _____，就是家长的责任。

练习2 Exercise 2

听一听

녹음 내용을 잘 듣고 다음 문제를 풀어 보세요.

🎧 track 11_6

早餐注意事项

1 녹음 내용을 듣고, 문장의 옳고 그름을 판단해 보세요.

① 起床以后应该马上吃早餐。（　　）

② 吃得太快对心脏不好。（　　）

③ 家长没有时间吃早餐，孩子也可能不吃早餐。（　　）

2 녹음 내용을 듣고, 알맞은 답을 골라 보세요.

① 有早起习惯的人几点吃早餐比较好？

　A 七点　　　B 八点　　　C 九点　　　D 十点

② 起床多长时间后吃早餐比较好？

　A 15分钟　　B 25分钟　　C 35分钟　　D 45分钟

③ 不定时吃早餐会怎么样？

　A 影响消化　B 影响胃口　C 影响工作　D 影响心情

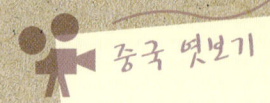

古代的广告

世界上最早的广告是通过声音进行的，叫口头广告，又称叫卖广告，这是最原始、最简单的广告形式。早在奴隶社会初期的古希腊，人们通过叫卖买卖奴隶、牲畜，公开宣传并吆喝出有节奏的广告。城市了充满了商人的叫卖声。

商标字号也是古老的广告形式之一。商店的字号起源于古城庞贝。在古罗马帝国，商标字号都是有象征意义的，如古罗马的一家奶品厂就以山羊作标记；一个孩子被鞭子抽打则是一所学校采用的标记。

叫卖 jiàomài 외치며 팔다 | 奴隶社会 núlì shèhuì 노예 사회 | 希腊 Xīlà 그리스(Greece) |
牲畜 shēngchù 가축 | 吆喝 yāohe 큰 소리로 외치다 | 节奏 jiézòu 리듬, 박자 | 商标 shāngbiāo 상표 |
字号 zìhao 상호 | 庞贝 pángbèi 폼베이(pompeii) | 罗马 Luómǎ 로마(Rome) | 山羊 shānyáng 염소 |
鞭打 biāndǎ 채찍질하다

송별회

饯行

chapter 12

이 과의 회화
1 송별회 ①
   饯行 1
2 송별회 ②
   饯行 2

Dialogue

이 과의 어법
偏偏 | 동사+遍 | 동사+得/不+起
之所以……是因为…… | 舍不得 | 数

Grammar

술자리

생일 파티, 환영회, 환송회 등 우리들 생활 속에는 참 다양한 종류의 모임이 있습니다. 모임의 종류에 따라 가볍게 식사를 하기도 하고, 거하게 먹고 마시기도 하지요. 주제에 따라 모임의 분위기도 달라지는데요. 그래도 사람들과 함께하고 그 속에서 행복을 느낀다는 것만은 변함이 없겠지요. 여러분은 어떤 모임을 좋아하는지 함께 이야기해 보아요.

1 送别时你说什么？

2 你最舍不得的地方是哪儿？

3 韩国人怎样给朋友饯行？

生词 Words
 track 12_1

会话

饯行 jiànxíng 송별연을 베풀다

命运 mìngyùn 운명
- 我们只有依靠自己的力量才可以改变命运。

随时 suíshí 수시(로), 언제나

狎鸥亭 Xiá'ōutíng 압구정

一路顺风 yí lù shùn fēng 가시는 길 순조롭길 빌다
- 希望我们这次出门旅行能一路顺风。

时差 shíchā 시차
- 刚从美国回来，我的时差还没调好。

一辈子 yíbèizi 일생

一天到晚 yì tiān dào wǎn 하루 종일

地球 dìqiú 지구
- 现在地球的真正年龄已经达到几十亿岁了。

会话 1

Dialogue 1

#1 송별회 1

娜娜要去美国出差两个月，大家给她饯行。

🎧 track 12_2

饯行 1

娜娜 眼看你就要回国了，❶偏偏这个时候我出差。

小俊 是啊，本来应该是你给我饯行，现在却变成了我给你饯行，这算不算是命运的安排？

娜娜 呵呵，可能是吧，说不定命运会安排我们很快又见面呢。

小俊 韩国离中国这么近，你随时都可以来玩儿啊！

娜娜 可是我不会韩国语，到时候一句话也听不懂怎么办？

小俊 有我呢！要是你来韩国，我一定带你好好逛逛。

娜娜 那我一定要吃❷遍韩国。

小俊 可以，我请客。

娜娜 我还要去狎鸥亭做整容手术，你可以请客吗？

小俊 这个我恐怕请❸不起，再说你够漂亮的了，不用做手术。

娜娜 呵呵，不跟你开玩笑了，提前祝你一路顺风。

小俊 你也一路顺风，美国和这里有时差，到了美国一定发邮件。

Dialogue 2

#2 송별회 2
小俊要回国了，大家为小俊饯行。

track 12_3

饯行 2

部长 时间过得真快，我现在还记得小俊刚来时的样子，没想到已经过去一年了。

金秘书 可不是，那个时候，他的汉语听起来怪怪的，现在已经能说几句粤语了。

小俊 我❹之所以有这么大的进步，都是因为大家的关心和照顾。谢谢你们。我想我一辈子都不会忘记在这里的生活的。

部长 以后小俊不在，谁陪我打高尔夫呢？

金秘书 对啊，以后也没有人给我们唱韩国流行歌儿了。

学长 也没有人一天到晚叫我学长了，真❺舍不得让你回去。

小俊 我也舍不得大家。

金秘书 你是舍不得娜娜吧？这些人里，❻数你们俩感情最好。

小俊 都舍不得。

部长 大家不要这么伤感嘛，地球这么小，很快就会见面的。来，我们干一杯，祝小俊一路顺风。

大家 一路顺风！

1 偏偏

+ 부사로 '기어코, 일부러, 굳이, 기어이'의 뜻이다. 어떤 객관적인 요구나 일반적인 상황과 상반될 때 쓴다.

- 老师不让他去，他偏偏要去。
- 真倒霉，为什么这种事偏偏被我撞上。

 다른 사람은 모두 일찍 왔는데 유독 그녀만 늦었다.

2 동사 + 遍

+ 遍은 형용사로 '널리 퍼져 있다'의 뜻인데, 동사 뒤에 쓰여 '다 ~해 봤다'의 뜻이다.

- 所有的地方都找遍了，还是没找到。
- 他每年都去中国旅游，已经走遍了中国。

 그녀의 꿈은 중국 음식을 다 먹어 보는 것이다.

3 동사 + 得/不 + 起

+ 특히 경제 능력을 이야기하며 '어떤 능력이 있다(없다)'의 뜻을 나타낸다.

- 这家饭店太贵，我们吃不起。
- 这件衣服虽然不便宜，但我还买得起。

 집 가격을 낮추어서 모든 사람이 살 수 있도록 해야 한다.

4 之所以……是因为……

✚ '~의 이유는 ~이다, ~한 까닭은 ~이다'라는 뜻의 관용어이다. 所以는 '이유, 까닭', 因为는 '~때문에, ~로 인해서'의 뜻이다.

- 大家之所以不喜欢他，是因为他太没有礼貌了。
- 我之所以不告诉你，是因为不想让你伤心。

 그가 지각한 까닭은 집에 일이 생겨서다.

5 舍不得

✚ '舍不得 + 사람/사물'의 형식으로 쓰이며, '아쉽다, 섭섭하다' 또는 '~하기가 아깝다'의 두 가지 뜻이 있다.

- 很多父母舍不得孩子离开家。
- 他舍不得花钱买东西。

 고향을 떠나려니 정말 섭섭하다.

6 数 shǔ

✚ 동사로 '손에 꼽힌다, (비교해 보니) 가장 두드러지다'의 뜻이다. '数 + 사람/일'의 형식으로 쓰인다.

- 在班里，成绩数他最差。
- 最可爱的动物要数熊猫了。

 이 몇 아이 중에서 샤오민(小民)이 제일 총명하다.

Speaking

说一说 1

회화를 읽고, 다음 질문에 대답해 보세요.

❶ A 小俊为什么说是命运的安排?
　B _____

❷ A 娜娜去韩国担心什么?
　B _____

❸ A 如果娜娜去韩国，小俊可以做什么?
　B _____

❹ A 小俊经常陪部长做什么?
　B _____

说一说 2

회화를 읽고, 다음 질문에 자유롭게 대답해 보세요.

❶ 饯行的时候你一般会做什么?
_____

❷ 你有没有"命运的安排"这样的感觉?
_____

❸ 在国外你最怀念韩国什么? 为什么?
_____

❹ 你觉得一生中最美好的时光是什么时候?
_____

说一说 3

회화를 읽고, 다음 주제에 맞게 자유롭게 대답해 보세요.

> 你参加饯行。

A 眼看_____，_____。

B 我特别_____。

A 我忘不了_____。

B 有时间_____。

A 祝_____。

B _____。

填空

단어를 공부하고, 아래 문장에 알맞은 단어를 찾아 써 넣으세요.

보기

| 一辈子 | 地球 | 命运 | 一天到晚 |
| 随时 | 提前 | 时差 | |

娜娜日记

坐了二十几个小时的飞机，飞机终于在❶_____另一端的纽约成功降落了。我差点儿以为❷_____也下不了飞机了，谢天谢地。如果❸_____再给我一次机会，我死也不要到美国出差。

走出飞机的时候，我觉得❹_____都会晕倒。看来❺_____三天来是对的，现在应该马上赶到饭店休息，从明天开始❻_____睡觉，希望三天以后，能调好❼_____，把生物钟从北京时间调成纽约时间。

课文 Text

小俊日记 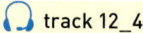 track 12_4

分别时刻

到回国的时候了。

一眨眼一年就过去了，这一年发生的事情比十年还要多。

这一年中，我的汉语更进步了，交了很多中国朋友，和他们结下了深厚的友谊；这一年我熟悉了中国南方的风土人情；这一年在我们营销部所有成员的共同努力下，公司成功进入了香港市场；这一年我做过拼客拼过旅行团，也算过命……我想我一辈子都不会忘记在这里发生的事情。

离别的时刻越近，就越舍不得大家。那些共同努力共同奋斗过的日子永远都会留在我心中。

饯行的时候，每个人都为我唱了一首歌，我们约定明年在韩国见面，我期待明年重逢的时刻快点到来。

一眨眼 yìzhǎyǎn 눈 깜짝할 사이에 | 友谊 yǒuyì 우정 | 奋斗 fèndòu 분투하다, 노력하다 | 期待 qīdài 기대하다 | 时刻 shíkè 시각

Listening&Speaking

🎧 track 12_5

1 녹음 내용을 듣고, 문장의 옳고 그름을 판단해 보세요.

❶ 小俊在中国呆了两年。　　(　　)

❷ 小俊的汉语进步了。　　　(　　)

❸ 小俊舍不得离开这儿。　　(　　)

❹ 小俊没算命。　　　　　　(　　)

2 녹음 내용을 듣고, 알맞은 답을 골라 보세요.

❶ 小俊没做过什么?

　A 旅游　　　　　　B 努力工作

　C 交朋友　　　　　D 天天喝酒

❷ 小俊期待什么?

　A 再见面　　　　　B 回国

　C 唱歌　　　　　　D 不知道

3 녹음 내용을 듣고, 질문에 자유롭게 대답해 보세요.

❶ 离别的时候最伤感的事情是什么?

　_____

❷ 离别后你最期待的事情是什么?

　_____

❸ 你最舍不得的地方是哪儿?

　_____

Exercise 1

어법의 내용을 복습하며 다음 문제를 풀어 보세요.

1 다음 문장의 옳고 그름을 판단하고, 맞는 문장으로 고치세요.

❶ 我想去爬山，偏偏不下雨。（　　）

　➡ _____

❷ 家里我找完了，还是没找到！（　　）

　➡ _____

❸ 我所以离开这里，因为我要留学。（　　）

　➡ _____

❹ 外语中数汉语最难。（　　）

　➡ _____

2 다음 제시어를 사용하여 자유롭게 작문해 보세요.

| 偏偏 | 例 老师不让他去，他偏偏要去。|

❶ 今天真不巧，应该去外边，_____。

❷ 我喜欢花，_____。

❸ 他们劝她不要那样做，_____。

| 舍不得 | 例 我舍不得离开妈妈。|

❹ 妈妈_____。

❺ 我_____。

❻ 这是他一直想要得到的，_____。

练习2 Exercise 2 听一听

녹음 내용을 잘 듣고 다음 문제를 풀어 보세요.

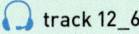 track 12_6

送别

1 녹음 내용을 듣고, 문장의 옳고 그름을 판단해 보세요.

❶ 中国人送别时喜欢写诗。（　　）

❷ 秋天很伤感，所以大家喜欢在秋天送别。（　　）

❸ 现在我们不用分开。（　　）

2 녹음 내용을 듣고, 알맞은 답을 골라 보세요.

❶ 送别时中国人喜欢做什么？

　A 喝酒　　　B 写诗　　　C 伤感　　　D 等秋天

❷ 送别诗有什么特点？

　A 美丽　　　B 有意思　　　C 和酒有关系　　　D 不知道

❸ 现代社会我们可以＿＿＿＿＿＿。

　A 不分离　　　B 容易见面　　　C 不伤感　　　D 不见面

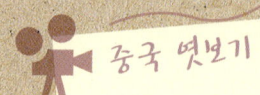 중국 엿보기

渭城曲 Wèichéngqǔ

王维(唐)

渭城朝雨浥轻尘,
Wèichéng zhāoyǔ yì qīng chén,

客舍青青柳色新。
kèshè qīngqīng liǔsè xīn.

劝君更尽一杯酒,
Quàn jūn gèng jìn yì bēi jiǔ,

西出阳关无故人。
xī chū Yángguān wú gùrén.

위성곡

왕유(당)

위성의 아침 비는 가벼운 먼지를 적시고,
여관은 푸르디 푸르게 버드나무 빛이 새롭다.
그대여 한 잔 술을 다시 들게나,
서쪽으로 양관을 나서면 친구가 없을 것이라네.

 단어

渭城 Wèichéng 위성(현재의 산시(陕西)성 서안(西安)시 서북쪽에 있던 성) | 浥 yì 담그다 | 客舍 kèshè 여관 | 柳色 liǔsè 버드나무의 빛 | 劝 quàn 권하다 | 阳关 Yángguān 양관(현재의 감숙성 돈황현 서남쪽에 있던 관문)

new 스피킹 중국어 실력향상

부록

정답
语法
说一说 1·2·3
填空
听和说
写一写
听一听 (녹음 원문 포함)

해석
会话1
会话2
课文
중국 엿보기

찾아보기

chapter 01 走进广州

광저우(广州)에 가다

会话 1

공항에서 손님을 맞이하다
광저우 바이윈 공항에서

샤오쥔 선배님! 선배님께서 저를 마중하러 오실 줄은 생각지도 못했어요. 우리 10년을 못 봤죠?

선배 네가 광저우에 온다는 것을 알고 내가 자발적으로 부장님께 마중하러 공항에 가겠다고 했지. 널 깜짝 놀라게 해 주고 싶어서 말이야.

샤오쥔 저도 여기 오면 '사람도 땅도 낯설 텐데'라는 생각을 했었는데, 선배님이 계셔서 마음이 놓여요.

선배 여기서 오랜 친구를 만날 수 있게 돼서 나도 얼마나 기쁜지 말도 마! 그런데 너 왜 이렇게 늦게 나왔어?

샤오쥔 말도 마세요. 방금 어떤 사람이 짐을 잘못 가져갔지 뭐예요. 그래도 다행히 공항 직원이 대신 찾아다 주었어요. 선배님을 한참이나 기다리게 했네요. 정말 죄송해요.

선배 뭘, 그런 걸 가지고. 근데 안색이 왜 이렇게 창백해?

샤오쥔 어제저녁 잠을 못 잔데다가 오늘 또 이른 새벽 비행기를 타서 비행기 멀미를 좀 했어요.

선배 왜, 중국으로 파견돼서 너무 흥분한 거야?

샤오쥔 긴장도 되고 흥분도 된다고 말해야겠죠. 저 정말 광저우가 대체 어떤 모습으로 변했는지 빨리 구경하고 싶어요.

선배 네가 분명 실망하지 않을 거라고 내가 장담하지. 빨리 가자. 사람들이 모두 새 동료에게 환영회를 열어 주려고 기다리고 있다고.

会话 2

자기소개
사무실에서

부장 반갑네. 난 영업부 부장이고, 성은 이 씨이네. 자네가 영업부에 온 것을 환영하며, 앞으로 무슨 문제가 있으면 주저 말고 내게 물어보게. 내가 온 힘을 다해 자네를 돕겠네.

샤오쥔 여러분, 안녕하세요. 저는 김준남이라고 합니다. '출중하다(英俊)'의 '준(俊)', 그리고 '남자(男子)'의 '남(男)'이 아니라 '동서남북(东西南北)'의 '남(南)' 자입니다. 여러분들은 저를 '샤오쥔(小俊)'이라 부르면 됩니다. 이번에 중국으로 일하러 올 기회를 갖게 되어 매우 영광으로 생각합니다. 저는 성격이 활발하고 농담하는 것을 좋아합니다. 하지만 때로는 농담이 지나칠 때도 있답니다. 오늘 여러분들을 알게 되어 매우 기쁩니다. 앞으로도 여러분들의 많은 보살핌 부탁 드립니다.

부장 하하, 샤오쥔, 정말 유머러스하군. 이쪽은 '나나(娜娜)'라고 하네. 오늘 나나 씨가 자네를 데리고 각 부서와 업무 내용을 파악할 수 있도록 책임질 거네. 앞으로 업무상 이해되지 않는 것이 있으면 나나 씨에게 물어보면 되네. 오늘 샤오쥔이 처음 왔으니 저녁에 환영회를 열어 샤오쥔을 대접하자고. 좋아요, 여러분 수고해요. 저녁에 봅시다.

语法

1 他说起话来话别提多多了。
2 今天晚上在公司加班，害得我和男朋友吵架了。
3 火星上到底有没有生命？
4 有什么困难尽管告诉我。
5 他的玩笑开得有点过头(儿)，姐姐生气了。
6 这个楼是由那个有名的设计师设计的。

说一说 1

❶ 因为学长想给小俊一个惊喜。
❷ 有人拿错了小俊的行李，还好机场的工作人员帮他找了回来。
❸ 小俊的脸色很苍白。因为他昨天晚上失眠了，再加上今天一大早坐飞机有点晕机，所以脸色不好。
❹ 同事们准备给小俊接风。

说一说 2

❶ 我最喜欢坐大韩航空公司的飞机。因为大韩航空不仅机内环境好，而且空姐的态度很亲切，服务也好，机内供餐的味道也不错。
❷ 我曾经在中国学习过。那个时候最困难的事情就是饮食了。因为中国菜很油腻，而且很多是我见也没见过的，更别提吃了。不过后来在中国朋友的鼓励下，我开始尝试吃中国菜，很快就习惯了。现在我很想念中国的生活和中国菜。
❸ 在韩国为新同事开欢迎会是新职员进公司后绝对不可省略的一个环节。欢迎会上大家都敬新同事酒，并且让新同事表演特长。
❹ 我们班有一位帅哥，他不但聪明，而且还是大公司的白领。他上课的时候积极发言，下课以后认真复习和预习，性格也很活泼，老师和同学们都很喜欢他。

说一说 3

大家好！
我姓朴，叫美女，美丽的美。
我的性格有点内向。
我的专业（我的工作）是中文（汉语老师）。
因为我们学校必须拿到HSK6级才能毕业，所以我学习汉语。（因为我从小喜欢外语，而且我的梦想是当老师，所以我现在教汉语）
我觉得汉语虽然很难，但是很有意思。
今天认识大家很高兴！请大家多多关照！

填空

❶ 惊喜 ❷ 人生地不熟 ❸ 幽默 ❹ 业务
❺ 失眠 ❻ 晕机 ❼ 苍白

课文

娜娜日记 새 동료

오늘 새 동료가 한 명 왔다. 한국 본사에서 파견되어 왔는데, 이름이 '김준남'이란다. 이 이름을 막 들었을 때, 깜짝 놀랐다. 난 그가 농담을 하는 것이지, 그게 진짜 이름이라고는 생각도 못했다. 나는 그가 분명히 스스로가 잘생겼다고 여길 것이라 생각했다. 나는 자기가 잘났다고 생각하는 사람을 싫어한다.

부장님께서 나에게 그를 도와 작업 환경과 업무 파악을 할 수 있도록 하셨다. 이건 원래 김 비서의 일이었는데 최근 김 비서가 병이 나는 바람에 어쩔 수 없이 내가 그녀를 대신하게 되었다. 나는 마땅히 부장님과 내게 수당을 지급하는 것을 상의해야 한다고 생각한다. 오늘은 월요일이라 우편 발송, 보고서 작성 등 해야 할 일이 정말 많다. 그런데 시간을 내서 새 동료를 데리고 업무 파악까지 시켜야 하니 정말 답답하고 괴롭다.

저녁에 환영회를 열었는데, 새 동료가 춤도 추고 노래도 불렀다. 심하게 활발하고 지나칠 정도로 명랑했다. 남자라면 과묵히 많은 일들을 해야 하는 것이다. 오직 바람둥이만이 이렇게 노래를 부르고 춤을 춘다. 나는 이 새 동료가 싫다.

听和说

1 ❶ ✕ ❷ ✕ ❸ ✕ ❹ ○
2 ❶ C ❷ C ❸ B
3 ❶ 我们公司由秘书负责带新同事熟悉环境。
   ❷ 我对公司的第一印象其实不太好。因为第一天进公司,我觉得上司很严肃,同事们也不亲切。不过现在我已经和同事们打成一片,现在我很喜欢我们的公司。
   ❸ 我在海外营销部工作,所以我的主要业务就是找客户和接待客户。

写一写

1 ❶ ✕ 别提贵子 → 别提多贵了
   ❷ ✕ 为什么到底不来 → 到底为什么不来
   ❸ ✕ 说出来尽管 → 尽管说出来
   ❹ ✕ 从他决定的 → 由他决定的

2 ❶ 昨天晚上突然停电了,害得我没看成电视剧。
   ❷ 新买的鞋质量太差,害得我白浪费了很多钱。
   ❸ 白天很困,喝了很多咖啡,害得我晚上失眠了。
   ❹ 明天是你的生日,你想要什么礼物尽管说。
   ❺ 我是大家的导游,你们有什么问题尽管找我。
   ❻ 这张银行卡给你,你想买什么尽管买。

听一听

1 ❶ ✕ ❷ ✕ ❸ ○
2 ❶ D ❷ B

「녹음원문」

行李不见了

女 您好,我找不到我的行李了,请您帮帮忙。
男 好的,请问您的行李有几件?
女 我带来了两个行李箱,一个是黑色的大皮箱,已经找到了,可是还有一个蓝色的小行李箱,找不到了。
男 请给我看一下您的护照和机票。稍等一下,我马上处理。
(五分钟后)
男 我想可能有人拿错了行李,我已经请广播员放了广播,应该很快就能找到。
女 什么时候放的广播?我怎么没听见?
男 刚才我们用粤语放了广播,您听,现在正在用普通话放呢。一会儿再用英语放一遍。
   您的行李找到了,您确认一下,是您的吗?
女 正是我的,谢谢您。
男 不客气,希望您在广州玩儿得愉快。

광저우(广州)를 이야기하다

광저우는 광둥성의 성(省) 정부 소재지로 중국 제3대 도시입니다. 광저우는 홍콩(香港), 마카오(澳门)와 근접해 있으며 중국이 세계로 통하는 남대문이지요. 2007년 말에 이르러 광저우시(市) 인구는 천사만 오천팔백만 명에 달하였습니다. 2010년 광저우는 광저우 아시안 게임을 개최하였습니다.

광둥어

광저우에서 사람들이 하는 말은 보통화가 아니고 광둥어입니다. 즉 영어로 Cantonese이지요. 광둥어에는 9개의 성조가 있고, 발음 역시 보통화와 완전히 다릅니다. 그래서 외지인이 광저우에 오면 늘 외국에 있는 느낌을 받습니다.

광둥 요리

광저우 사람은 먹을거리를 중시합니다. 중국에는 예로부터 '먹는 것은 광저우에서'라는 말이 있습니다. 광둥 요리는 중국 4대 요리 중의 하나이며, 광저우 사람은 각종 재료를 사용해서 맛있는 음식을 만들어내는데 '뭐든지 다 과감하게 먹는다'는 것이 바로 광저우 사람들을 말하는 것이지요. 광저우 사람들은 차 마시는 것을 좋아합니다. 사실 차를 마시는 것이 바로 밥을 먹는 것이며, 차를 마실 때는 간식이 빠질 수 없지요. 광둥의 간식은 '색, 향, 맛' 모두 갖추어져 있어서, 많은 사람들에게 사랑을 받습니다.

chapter 02 汉语比想象的难

중국어는 상상했던 것보다 어렵다

027

会话 1 외래어
식당에서

선배　중국에 온 지 한 달 남짓 됐는데, 적응할 만해?

샤오쥔　일상생활은 그런대로 괜찮은데, 저를 가장 머리 아프게 하는 것이 중국어예요.

선배　어떻게 그럴 리가, 2년을 공부했는데 중국어가 너를 괴롭힌다고?

샤오쥔　학교에서 배운 것은 대부분 서면어인데 중국에서 생활하면서 필요한 것은 일반 회화잖아요. 저 요즘 외래어를 공부하고 있는 중이에요.

선배　오, 그래? 그럼 내가 너를 좀 시험해 볼게. 이번 주말에 우리 회사에서 고객에게 감사 표시를 하기 위해서 自助餐会 여는 거 알지. 自助餐이 뭔지 알아맞혀 봐!

샤오쥔　그 세 글자 어떻게 쓰나요?

선배　'자신(自己)'의 '자(自)', '돕다(帮助)'의 '조(助)', '조찬(早餐)'의 '찬(餐)'이야.

샤오쥔　아! 그건 저에겐 어렵지 않죠. 밥 먹을 때 스스로가 스스로를 돕는 것. 그건 바로 '뷔페(buffet)'죠. 하하, 중국어는 정말 재미있어요.

선배　맞힌 셈 치지. 뷔페 후에는 '鸡尾酒' 파티를 진행하는데 그럼 '鸡尾酒'는 뭐야?

샤오쥔　닭 꼬리로 만든 술? 이건 무슨 술이에요? 추측이 안 되는 걸요.

선배　영어로, 꼬리는 tail, 수탉은 cock이잖아. 봐, '鸡尾酒'는 바로 칵테일인 거지.

샤오쥔　와, 이거 정말 신기하네요.

会话 2 신기한 '손'
사무실에서

선배　뭘 보기에 이렇게 열심이야?

샤오쥔　지난번에 선배님이 제게 칵테일 파티가 있다고 알려줘서, 인터넷에서 술 메뉴판을 찾아서 연구를 좀 했죠.

선배　손발이 참 부지런하구나.

샤오쥔　술 메뉴판 찾을 때 손만 쓰지 발은 필요 없는 걸요. 왜 손발이 부지런하다고 하시는 거예요?

선배　하하, 중국 속담에 손과 발은 종종 함께 묶어서 얘기를 하지. 자, 내게 예를 들어줘 봐.

샤오쥔　그래요? 잠시만요. 내 손발이 깨끗하지 않으니 내 손을 건드리지 마세요.

선배　하하하, 손발이 깨끗하지 않다는 말은 함부로 말하면 안 돼. 좀도둑이야말로 손발이 깨끗하지 않은 거라고.

샤오쥔　손에도 이렇게 많은 뜻이 있군요. 중국어는 정말 풍부하네요. 이런 단어가 또 있어요?

선배　응, 내일 우리 회사의 1인자가 출장에서 돌아와서, 아마도 회의를 열 거야. 너 준비는 다 했어?

샤오쥔　내일 부장님만 출장에서 돌아오시는데, 그렇다면 1인자라는 게 바로 최고 책임자인 건가요? 선배님, 선배님이 우리 영업부의 2인자인 거, 맞죠?

선배　넌 정말 똑똑해!

语法

1　我<mark>倒</mark>是很想去，可是不知道有没有时间。
2　飞机马上就要起飞了，他<mark>居然</mark>丢了飞机票！
3　什么困难都<mark>难不倒</mark>我们。
4　他<mark>算</mark>是我们班最聪明的学生了。
5　他的变化太大，谁都认<mark>不出他来</mark>了。
6　这么冷的天吃冷面，我<mark>才</mark>不去呢。

说一说 1

❶　在中国小俊觉得最头疼的就是汉语。
❷　因为在学校学的主要是书面语，而在中国生活，需要的是口语。
❸　除了自助餐会以外还要举行鸡尾酒会。
❹　因为他们公司有鸡尾酒会，所以他上网找来一份酒单研究研究。

说一说 2

❶　"hot"用汉语是"热"，"dog"用汉语是"狗"，那么"hotdog"就是热狗。
　　"blue"用汉语是"蓝"，"mountain"用汉语是"山"，那么"bluemountain"用汉语就是蓝山咖啡。
❷　我喜欢喝鸡尾酒。听说喝鸡尾酒时应该慢慢喝，因为鸡尾酒不是用来喝的，而是用来品的。如果像喝烧酒一样喝鸡尾酒的话，就不能知道鸡尾酒真正的味道，那样太可惜那么高级的酒了。
❸　韩国语中也有"大手"这样的词，意思是很浪费，所以我觉得汉语的"大手大脚"应该也是花钱很浪费，不节约的意思。
❹　我觉得汉语中最难的要数成语了。不仅在书上，平时生活中也常常能听到中国人使用成语。如果一个外国人能够使用几个成语的话，我想他一定是半个中国通了。所以我最羡慕的是会用成语的人。

说一说 3

A 你学了多长时间的汉语了？
B 我学了**三年多了**。
A 那你一定知道很多外来语了。
B **哪里哪里**。我只知道一点点。
A 那我考考你。你猜猜软饮料是什么东西？
B "软"用英语是soft，"**饮料**"**用英语是**"**drink**"。那么软饮料**就是**softdrink。

填空

❶ 客户 ❷ 自助餐 ❸ 鸡尾酒 ❹ 碰
❺ 一把手 ❻ 饮食起居 ❼ 勤快

课文 小俊日记 음역과 의역

광저우에 온 지 한 달이 되니, 점차 이곳의 생활에 익숙해졌다. 하지만 중국어는 내가 생각했던 것보다 훨씬 더 어려웠다. 특히 외래어는 정말 머리 아프게 한다. 며칠을 연구한 끝에 나는 외래어를 번역할 때, 의역이 음역보다 더 많다는 것을 발견하였다. 예를 들어 핫도그, 칵테일 등이다. 나는 배가 아플 정도로 웃었다.

물론 의역된 어휘 외에도 많은 음역된 어휘가 있다. 예를 들어, 콜라를 말해 보자. 나는 지금 코카콜라를 번역한 사람을 굉장히 존경한다. 발음도 비슷하고, 한자 선택도 좋다. 한자 의미로 보면 코카콜라는 바로 맛있는 콜라라는 것인데, 이것은 정말 돈 안 드는 광고인 것이다. 어쩐지 중국인들이 이렇게 좋아하더라니.

내일 저녁 회사에서 칵테일 파티를 열어서 술 이름을 잠시 연구했다. 술 이름의 번역은 더욱더 다양했다. 하지만 대부분 의역이었다. 나는 내일 가장 좋아하는 칵테일 ―― 롱 아일랜드 아이스 차를 시키고, 칵테일을 마신 후에, 또 블루 마운틴 커피를 한 잔 시킬 것이다. 그런데 우리 1인자님은 카푸치노만 마신다고 들었는데, 이렇게 고급스러운 술 파티에서 단지 카푸치노만 마신다니 정말 너무 아쉽다.

听和说

1 ❶ ○   ❷ ×   ❸ ×   ❹ ×
2 ❶ A   ❷ C   ❸ D

3 ❶ 我最佩服的人是朴智星。朴智星小时候家境很困难，而且他还是扁平足，所以很多人都觉得他根本不适合踢足球，但是他并没有放弃自己的梦想。2002年的韩日世界杯不仅让他成为韩国最棒的足球明星，也使他成功进入了世界知名球队曼彻斯特队。

❷ 我平时喜欢喝果汁。因为我是一个很注重健康的人。虽然果汁有点贵，但是果汁里含有丰富的水分和维他命，不仅对健康好，而且对皮肤也好。

❸ 我觉得不管是音译还是意译都有各自的优点。只要它传达的意义是美好的，而且很容易让人们记住的话，那就说明翻译得很成功。所以音译还是意译并不重要。

写一写

1 ❶ × 居然他 → 他居然
  ❷ × 难倒 → 难不倒
  ❸ × 起来 → 出来
  ❹ × 就 → 才

2 ❶ 他才12岁，**居然被清华大学录取了**。
  ❷ 这么简单的生词，**你居然一个都不知道**。
  ❸ 今天有考试，**我居然忘得干干净净**。
  ❹ 他天天不复习、不预习，**能考上大学才怪呢**。
  ❺ 你总是说话不算数，**我相信你才怪呢**。
  ❻ 你天天熬夜不吃饭，**不瘦才怪呢**。

听一听

1 ❶ ×   ❷ ×   ❸ ○
2 ❶ A   ❷ A   ❸ D

「녹음원문」

咖啡的由来

现在咖啡是我们生活中不可缺少的饮料，那么咖啡到底是怎样被人们发现的呢？在无数的咖啡发现传说中，最有名的就是"牧羊人的故事"。

十六世纪埃塞俄比亚有个牧羊人，有一天发现自己养的羊突然在那儿不停地跳，他觉得非常奇怪，仔细观察以后，才明白原来羊吃了一种红色的果实。

当他把这种果实分给人们吃时，所有的人吃完后都觉得心情愉快，更有精神。不久以后这种果实被当作药，而且很受医生们的欢迎。后来这种果实渐渐流传到世界各地，但一直到十八世纪才有了自己的名字――"coffee咖啡"。

 칵테일의 유래

칵테일에 대해서 많은 설이 있는데, 오늘 여러분들에게 그중 재미있는 설 하나를 소개하겠습니다.

19세기, 미국인 클리포드가 강변에 술집을 하나 열었습니다. 그의 집에는 그가 자부심을 느끼는 세 가지가 있었습니다. 첫 번째, 그에게는 굉장히 아름다운 수탉이 한 마리 있는데, 투계(鬪鷄)장의 고수입니다. 두 번째, 그의 술 창고에는 전 세계에서 가장 맛있는 술이 있다고 합니다. 세 번째, 그의 딸인 에밀리는 세계에서 가장 예쁜 여자아이입니다. 알킨 루스라 불리는 한 젊은 남자가 매일 저녁 이 술집으로 술을 마시러 오면서 에밀리를 사랑하게 되었습니다. 이 젊은이는 성격이 좋고, 일에도 성실해서 클리포드는 그를 매우 좋아했지요. 그래서 "젊은이, 내 딸과 결혼하고 싶으면 빨리 선장이 되도록 노력하게나." 하고 말하였습니다. 젊은이는 열심히 공부하고 일해서 몇 년 후 드디어 선장이 되었고, 에밀리는 자연적으로 그의 부인이 되었습니다. 결혼식에서 클리포드는 너무 기뻐서 술 창고에서 가장 좋은 술을 모두 가지고 나와서 각종 맛으로 조합하였고, 술잔 가장자리에 수탉 꼬리털로 장식을 했는데 매우 아름다웠습니다. 그가 딸을 위해 축하를 하면서 큰 소리로 "닭꼬리 만세!"라고 외친 후부터 칵테일이 점점 더 유행하게 되었습니다.

chapter 03 上班族的生活
직장인들의 생활

会话 1 양의 탈을 쓴 늑대
사무실에서

나나 너 요즘 왜 그래? 다크서클이 왜 이렇게 심해, 꼭 판다 같아.

샤오쥔 이게 다 부장님 때문 아니겠어. 며칠 전에 부장님께서 내게 분기별 매출 방안을 쓰라고 하셨는데, 내가 벌써 다섯 번이나 수정을 했는데도 부장님께선 아직도 만족을 못 하셔.

나나 하하, 처음으로 부장님을 상대해 보니 힘들지?

샤오쥔 부장님은 보기에는 미소를 짓고 계시는 것 같아서 상대하기 편할 거라고 생각했어.

나나 그는 양의 탈을 쓴 늑대로 유명하지. 처음에는 사람들 모두 부장님의 겉모습에 속지만, 시간이 좀 지난 후에야 비로소 그의 무서움을 알지.

샤오쥔 어쩐지 모든 동료들이 부장님 보는 걸 무서워하더라니. 앞으로 나도 다시는 부장님과 단독으로 어울리지 않아야겠어.

나나 평소에 부장님은 쉽게 어울릴 수 있는 분이셔. 사람들의 작은 실수나 결점은 눈감아 주시고, 농담을 한다 해도 화내지 않으시거든.

샤오쥔 사실 이 방안은 이미 거의 수정을 다 했는데, 정말 부장님께서 눈 감아 주시길 바랄 뿐이야.

나나 그건 아마 어려울 걸. 업무에 있어서 그는 완벽주의자라서 그의 요구에 미치지 못하면 아마 너는 계속 밤을 새야 할 거야.

샤오쥔 오늘 저녁에 커피를 몇 잔 더 마셔야겠어. 내일 반드시 부장님께서 만족하실 수 있도록 해야지.

나나 힘내! 힘내라고!

会话 2 집집마다 다 걱정거리가 있다
사무실에서

샤오리 듣자니, 너 또 출장 간다던데, 정말 너희 영업부가 부러워!

나나 뭐가 부러워, 너희도 출장 자주 가지 않아?

샤오리 구매부는 공장 몇 군데만 가잖아. 어디 너희처럼 세계 각 지역에 가서 공짜 여행을 하겠어?

나나 우리는 출장 가면 하루 종일 회의만 하는데 여행할 시간이 어디 있겠어. 계약 한 건을 위해서 날마다 고객들 눈치를 살펴야 하고 말이야. 구매부는 너희들이 사람들에게 눈치를 주니 얼마나 좋아!

샤오리 어디 그렇게 수월한 게 있겠어. 더 좋은 물품 공급원을 찾기 위해 우리는 매일 조사하고 분석하고, 또 보고서도 작성한다고. 오늘 저녁에도 야근을 해야 해.

나나 보아하니 역시 샤오장이 있는 인사부가 제일 좋은 것 같아. 매일 어떻게 먹고, 어떻게 놀지 구상하고, 그보다 더 편할 수가 없지.

샤오장 됐어, 기획 활동이 제일 머리 아파. 요즘 사람들의 요구가 갈수록 높아져서 사람들을 만족시키는 것은 갈수록 어렵다고.

나나 작년 말 송년회가 매우 재미있었다는데, 올해는 어디서 할 계획이야?

샤오장 지금 적합한 장소를 찾고 있어. 장소가 너무 비싸면 사장님께서 좋아하지 않으시고, 너무 싸면 직원들이 불평하고. 요 며칠 난 매일 식당을 돌아다니느라 주말에도 쉬지 못했어.

나나 집집마다 다 걱정거리가 있네. 돈 벌기 어렵구나!

语法

1 我这么努力工作**还不是**为了这个家!
2 大学毕业以后我**再也**没见过他。
3 虽然少了两个人,但工作还要做**下去**。
4 年轻**什么**,我已经50岁了。
5 你跟我一起去吗? 那**再好不过了**。
6 现在经济不景气,留学**吧**,太贵;找工作**吧**,竞争太激烈。

说一说 1

❶ 部长叫小俊写一份季度销售方案。
❷ 因为部长是出名的笑面虎,以前都被他的外表骗了,但是现在都知道了他的厉害,所以现在都怕见到他。
❸ 部长平时很好相处,大家的小错误小毛病他也都是睁一只眼闭一只眼,和他开玩笑他也不生气。但是在工作上他是个完美主义者,达不到他的要求绝对不行。
❹ 因为娜娜经常去外国出差,可以免费旅游。

说一说2

① 我的上司是男的，他是一个很公私分明的人。在工作上他追求完美，虽然跟他一起工作有时候觉得很累，但是获得的成就感也是很大的。工作以外，他是个很爱玩，也很会玩的人，常常和下属们打成一片，也常常为下属们考虑。所以我们部门的人都喜欢他。

② 我理想的上司是不仅有能力，而且关心和体贴下属，为下属争取利益的人。有的上司为了拍老板的马屁，到了下班时间也不离开公司，害得下属也跟着加班，我希望我的上司是一个很遵守上下班时间的人。

③ 我在海外营销部工作。我的工作主要是去外国出差找客户，找货源。我们部门的工作表面上是免费旅游，实际上很辛苦。因为找到客户以后为了谈成生意，要看客户的脸色；找到货源以后，万一没有达到公司的要求，还要看老板的脸色。不过我还是很喜欢我的工作，又能积累工作经验，又可以长见识。

④ 我最羡慕人力部。因为人力部没有什么压力，每天只要策划怎么吃，怎么玩就可以了。虽然偶尔也要看老板的脸色，但是跟其他部门相比，压力小，工作也很轻松。

说一说3

A 今天早上开会，讨论什么了？
B 公司明年打算 进军香港市场。部长要求 我们每个人交一份进军香港的企划案。
A 那你们应该做什么工作呢？
B 我负责香港分公司新职员的招聘工作。
A 你觉得你的上司好说话吗？
B 他呀，马马虎虎吧。你呢，你最近忙什么呢？
A 我最近天天开夜车准备新产品发布会呢。

填空

① 合约　　　　② 策划
③ 睁一只眼闭一只眼　④ 笑眯眯
⑤ 笑面虎　⑥ 看　⑦ 脸色　⑧ 黑眼圈

课文 娜娜日记 직장인들의 3대 악몽

월요일

직장인 입장에서 말하자면, 매주 월요일은 항상 암흑이다. 토요일 오전에는 아버지를 모시고 등산을 하고, 오후에는 어머니를 도와 방을 청소하면서 효성스러운 자녀 노릇을 한다. 일요일 낮에는 친구와 밥을 먹고 이야기를 하면서 좋은 친구 노릇을 한다. 아직 충분히 쉬지도 않았는데, 월요일이 온다……

회의

매주 월요일의 첫 번째 일은 바로 회의이다. 회의 내용은 '한 주간의 계획 작성'으로 언제나 변함이 없다. 앞에서 부장님의 일장 연설은 끝이 없고, 다른 사람들은 모두 아래서 몰래 하품을 한다. 사람들이 발언할 때가 되면 발언 내용 역시 "노력할 것입니다……"로 항상 변함이 없다.

야근

첫 출근을 했을 때, 계약서에는 분명히 오전 9시에 출근하고 저녁 6시에 퇴근한다고 되어있다. 하지만 8시가 되어도 떠나는 사람이 없다. 왜일까? 이것은 관례이며 야근은 회사 문화인 것이다. 그리고 상사가 퇴근을 하지 않는데, 누가 감히 집에 돌아갈 수 있겠는가?

1 ① ✗　② ✗　③ ✗　④ ✗

2 ① B　② B　③ C

3 ① 我的周末生活很简单。一般星期六见朋友，跟朋友一起逛逛街、喝喝茶、看看电影什么的。星期天呢，基本上都是在家休息，这是为了星期一能有一个良好的工作状态。

② 每次开会的内容都大同小异。比如说：业务上存在哪些问题，有哪些方面需要改进，如何提高业绩，如何抓住客户等等。

③ 其实我加班的大部分原因是上司不下班。因为在韩国社会，如果上司不下班，即使你做完了自己的工作，也是不能比上司早下班的。当然偶尔是因为工作忙而加班，不过这种情况并不多。

写一写

1 ① ✗ 下来 → 下去
② ✗ 睡觉什么 → 睡什么觉
③ ✗ 漂亮不过子 → 再漂亮不过了
④ ✗ 吗 → 吧

2 ① 他怎么这么生气？还不是因为孩子不听话。
② 听说他升职了？还不是因为他工作业绩好。
③ 他们怎么又吵架了？还不是因为性格不合。

❹ 昨天那家饭店的菜太难吃了，我再也不去那家饭店了。
❺ 昨天我把工资都花光了，以后我再也不乱花钱了。
❻ 离开中国以后，我再也没吃过中国菜。

听一听

1　❶ ×　　❷ ×　　❸ ×
2　❶ A　　❷ B　　❸ A

「녹음원문」

出差

下个星期我和部长去香港出差，我还没去过香港，所以特别高兴。这次出差主要是为了做一些市场调查，如果顺利的话，明年我们可能会在香港成立分公司。

出差一共三天，广州离香港很近，坐车就可以。第一天我们要去香港各大超市转转，第二天要和几家公司的经理开会，第三天可能去考察几家工厂。如果幸运的话，开会那天晚上可能有时间去看看维多利亚湾的夜景。听说部长是谈判专家，这次去一定要好好向他学习。

 **어떻게 상사가 당신을 좋아하도록 할까요?**

어쩌면 당신은 아이슈타인처럼 똑똑할지도 모르지만 상사는 아마도 당신을 싫어할지도 모릅니다. 그렇지만 답답해하지만은 마세요. 생활은 변화할 수 있는 것이니까요. 아래의 방법을 시험 삼아 해보세요. 당신은 상사 눈에 없어서는 안 될 인재가 될 것입니다.

1. 일찍 도착한다.
당신의 근태 상황을 신경 쓰는 사람이 없다고 여기지 마세요. 상사는 모두 눈을 크게 뜨고 지켜보고 있습니다!

2. 도망치지 마라.
업무는 항상 변하므로 '이것은 내 업무가 아니야.'라는 것으로 책임을 회피하지 마세요. 초과 업무는 어쩌면 당신의 능력을 발휘할 기회가 될지도 모르니 (그 기회를) 잘 잡아야 합니다.

3. 즉시 움직여라.
업무를 받으면 즉각 착수하세요. 신속하고 정확하며 때맞춰 완성하고, 미루지 마세요.

4. 말을 적게 하라.
직무상의 기밀은 반드시 지켜야 합니다.

5. 상사의 안배를 존중하라.
상사의 시간은 당신의 시간보다 소중합니다. 그가 갑자기 당신에게 어떤 일을 안배하더라도 당신 수중에 있는 일보다 더 중요합니다.

chapter 04 同事之间
동료 사이

会话 1　억지 부리는 것은 여자들의 특권이다
복도에서

선배	너 나나 씨랑 말다툼했다며?
샤오쥔	그녀가 내게 말싸움을 건 거지, 나랑은 상관없다고요.
선배	하하, 화가 단단히 난 것 같네.
샤오쥔	오늘 그녀의 아이라인이 번져서, 농담으로 보기에 꼭 판다 같다고 말했더니, 나에게 엄청 화를 내잖아요.
선배	여자들은 체면을 가장 중시하잖아. 네가 그렇게 많은 사람들 앞에서 말을 했으니 그녀가 화내는 건 당연하지.
샤오쥔	그녀는 줄곧 나를 마음에 들어 하지 않는 것 같아요. 전에도 제가 그녀에게 무엇을 물으면 항상 기분 나빠했어요. 제가 도대체 그녀에게 무슨 잘못을 했을까요? 정말 영문을 모르겠어요.
선배	억지 부리는 것은 여자들의 특권이야. 여자들은 다 그러니, 가서 사과하고 달래 줘.
샤오쥔	그녀는 날마다 남녀평등을 떠들어 댔잖아요. 이 일은 내 잘못도 아닌데, 왜 제가 양보해야 하나요?
선배	때때로 여자들이 화를 내는 것도 귀엽잖아. 만일 전 세계 여자들이 남자와 똑같다면 또 무슨 재미가 있겠어?
샤오쥔	형수님이 선배님에게 말싸움을 걸 때도 형수님이 귀여우세요?
선배	그건 별개의 문제지. 우리 마누라는 내게 말싸움을 걸지 않아.
샤오쥔	나나 씨, 그 무서운 여자. 앞으로 그녀와 결혼하려는 남자는 분명 없을 거야.

会话 2　이치에 따라 편들지 친분에 따라 편들지 않는다
휴게실에서

김 비서	너 오늘 왜 그래? 샤오쥔이 농담 좀 한 걸 가지고, 그렇게까지 크게 화낼 게 뭐 있어?
나나	나는 진작부터 그가 눈에 거슬렸어. 매번 내가 제일 바쁠 때마다, 이것저것 물어봐. 고마워하지 않는 것은 그렇다 치더라도, 내가 판다 같다니 너무 심하잖아.
김 비서	그는 막 왔으니, 이해 안 되는 것이 있으면 네게 물어보는 거고, 또 네가 바쁜지는 전혀 알 수 없지. 너 왜 이렇게 속이 좁아?
나나	너 도대체 걔 편이야, 내 편이야?
김 비서	이치에 따라 편들지, 친분에 따라 편들지 않아.
나나	걔가 너한테 무슨 좋은 것을 줬기에, 이렇게 편을 들어?
김 비서	난 정말 모르겠다. 샤오쥔은 잘생긴데다가 귀엽기도 하잖아. 영업부에서 걔를 싫어하는 사람이 누가 있어? 오로지 너만 매일 그를 눈에 거슬려 하지.
나나	난 걔가 정말 싫어.

김 비서 잠시 후에 회의가 있어. 그때 너희들 또 싸우지 마라.
나나 안심해, 현대 여성은 공사(公私) 구분이 분명하니까. 난 그렇게 속이 좁은 사람이 아니라고.

语法

1 朋友之间，难免有时观点不同。
2 这件事不顺他的心。
3 听和说完全是两回事(儿)，所以我们需要会话练习。
4 又不是什么大事儿，你至于这么生气吗？
5 学汉语对他来说根本不成问题。
6 听说你明年结婚，到时候一定要叫我。

说一说1

❶ 娜娜的眼线花了，小俊开玩笑说她看起来像熊猫，所以娜娜冲小俊大发脾气。
❷ 学长认为女孩子有时候发发脾气也是很可爱的。
❸ 小俊认为娜娜是母老虎。
❹ 因为小俊每次都在娜娜最忙的时候问这问那的，而且还不知道感谢娜娜。

说一说2

❶ 我认为吵架的时候，男女都有错，不可能一个人完全对，也不可能一个人完全错。所以不管是男是女，如果吵架了，应该错误更大的人首先道歉。
❷ 我认为异性之间比同性之间更容易相处。所以男女同事相处的时候，只要不是一直批评对方，或者故意挑对方的毛病的话，基本上不会吵架。但是如果想保持良好亲密的关系的话，最重要的当然是互相理解，互相尊重了。
❸ 我和同事吵过架。我刚刚进公司的时候，因为我是公司里年纪最小，也是经验最少的人，所以大家都叫我做这做那的。可是我还有自己的工作要做，结果因为同事们，我不得不每天加班。终于有一天我受不了了，就大发脾气，结果同事们都吓了一跳，以后再也不让我做这做那了。
❹ 有过。我的性格就是"帮理不帮亲"。比如说有一次朋友和别人吵架，但明明是朋友的错，可是朋友却不承认，所以我就让朋友向对方道歉。因为这件事朋友和我大吵了一架，批评我帮外人，不帮他。不过最后我们还是和好了。

说一说3

小俊 娜娜，麻烦你帮我看一下这个问题。
娜娜 我正在写一份报告，过一会儿再帮你可以吗？
小俊 哇，你的眼睛怎么了，眼圈黑黑的，看起来像只熊猫。
娜娜 你太过分了，对一个女孩子，你怎么可以这样说！
小俊 你别生气，我只是跟你开玩笑。
娜娜 走开，我不想看见你。
小俊 我只是说说而已，至于发这么大脾气吗？

填空

❶ 冲　　❷ 发脾气　　❸ 莫名其妙　　❹ 让
❺ 特权　　❻ 母老虎　　❼ 公私分明　　❽ 小心眼儿
❾ 哄哄　　❿ 道歉

课文 小俊日记 화해

오늘 회의에서 난 분기별 매출 방안을 발표해야 했다. 난 나나 씨가 분명히 날 트집 잡을 거라고 짐작했다. 하지만 그녀가 생각지도 못하게 의외로 나의 방안을 지지해 주어 나는 굉장히 놀랐다. 내가 몰래 그녀를 보았는데 결국 그녀가 눈을 부릅뜨고 나를 노려보았다. 회의가 끝나고, 나나 씨가 "아까는 공적인 일이고, 우리 싸움은 아직 끝나지 않았어."라고 말하였다. 왜인지 모르겠지만 나는 갑자기 웃고 싶었다. 우리 둘의 나이를 합하면 50살이 넘는데, 싸우면 마치 5살짜리 아이와 같다. 좋아, 내가 사과한다.

아침에 나는 꽃 한 다발와 초콜릿을 샀다. 나나 씨가 초콜릿을 좋아한다는 것을 알았기 때문이다. 그리고 카드를 한 장 써서 그녀의 책상에 두었다. 점심 때, 나나 씨가 문자메시지를 보내 나를 용서한다고 했고 나도 적극적으로 사과했기 때문에, 그녀가 식사 대접을 하기로 결정했으나 계산은 나보고 하라고 하였다.

좋다, 여자들에게 특권이 있다니, 한턱내라면, 한턱내자. 그런데 계산을 할 때, 나는 나나 씨가 이미 돈을 지불한 것을 알았다. 그녀는 "사실 나도 그날 잘못 했어, 함부로 화를 내면 안 되는 거였어."라고 말하였다. 그녀는 이렇게 말하며 얼굴을 붉혔다. 갑자기 이 무서운 여자가 사실은 굉장히 귀엽다는 생각이 들었다.

听和说

1　❶ ×　　❷ ×　　❸ ×　　❹ ×
2　❶ D　　❷ A　　❸ B
3　❶ 我是女生，我觉得跟男同事相处的时候，最

189

重要的是互相尊重。比如说不要互相指责外貌，不要批评对方的缺点，不要个人主义等等。同事之间只有互相尊重，互相帮助，互相合作，才能有一个良好的工作氛围，工作起来也才更开心。

❷ 我是一个不善于道歉的人。即使我知道自己有错，面对面时也很难开口说对不起。不过幸亏现代社会通信科技发达了，所以我可以选择用手机短信道歉。这样的话，道歉的话更容易说出口，也更容易和好。

❸ 我觉得最近的女孩子都喜欢名牌包，或者名牌化妆品什么的。因为大部分女孩子都对名牌包抱有幻想，背出去的时候也很有面子。不过并不是所有的女孩子都是这样，也有很多女孩子会因为一张小小的卡片或者一束美丽的鲜花而感动。

写一写

1 ❶ ✗ 难免的 ➡ 是难免的
　❷ ✗ 两件事 ➡ 两回事
　❸ ✗ 至于 ➡ 不至于
　❹ ○

2 ❶ 刚开始工作，难免会出错。
　❷ 第一次见到自己喜欢的明星，难免会激动得流泪。
　❸ 你这样说他，他难免会伤自尊。
　❹ 虽然经济不景气，但公司不至于破产。
　❺ 我只是不小心忘了，你至于这么批评我吗？
　❻ 我认识他的时间不长，但我觉得他不至于说你的坏话。

听一听

1 ❶ ✗　❷ ✗　❸ ✗
2 ❶ B　❷ D　❸ D

「녹음원문」
同事之间的相处之道

开始工作以后，我们的生活中除了亲人、朋友，又增加了同事。怎样才能处理好同事之间的关系呢？

首先，同事之间一定要互相尊重。其次，在钱的问题上一定要清清楚楚。向同事借钱以后一定要及时还钱，如果不能及时还，一定要说明情况，尽快还。再次，同事有困难时，一定要表示关心。最后，不要说同事的坏话。此外，如果因为自己的错误出现误会，应该主动道歉。

 **딩충(丁聪)의 부인 사랑의 원칙**

중국의 저명한 만화가 딩충 선생은 줄곧 부인이야말로 '가장(家长)'이라고 말하였습니다. 그리고 몇십 년의 경험으로 부인 사랑의 원칙을 쓰게 되었습니다.

만약 부인의 잘못을 발견하게 되면 그것은 분명히 나의 잘못이다.

만일 나의 잘못이 아니더라도 분명히 내가 부인이 잘못을 하도록 만든 것이다.

만일 내가 계속 그녀의 잘못을 고집하면 그것은 더욱더 나의 잘못이다.

만일 부인이 정말 잘못했다면 그녀의 잘못을 존중해야 내가 잘못을 범하지 않게 된다. — 이 말은 절대 틀림이 없다.

사실 다른 사람과의 관계에 대응할 때도 우리는 이러한 원칙을 참고할 수 있습니다. 동료 사이에 갈등이 있을 때, 자신의 문제와 잘못을 더 많이 생각하고 상대방을 더 이해하고 포용하세요. 이렇게 한다면 동료 간의 관계는 분명 굉장히 좋을 것입니다.

 车 차

 1 **위험한 자전거**
사무실에서

샤오쥔 방금 택시를 탔는데 하마터면 교통사고가 날 뻔했어.
나나 운전기사가 초보 기사였던 거야, 아니면 음주 운전을 한 거야?
샤오쥔 대낮에 어떻게 그래(음주 운전을 해). 기사님은 매우 친절하셨어. 내가 외국인인 걸 알고는 오는 길 내내 끊임없이 이야기를 해 주셨어.
나나 중국 운전기사들은 수다 떠는 것을 좋아하니, 네가 이해해. 하루 종일 차 안에 있으니 얼마나 심심하겠어!
샤오쥔 그래. 기사님이 정말 유머가 있으시더라. 오는 길 내내 광둥의 풍토와 인심을 소개해 주셔서, 그걸 듣고 견문을 많이 넓혔지.
나나 그런데 어떻게 교통사고가 날 뻔한 거야?
샤오쥔 우리가 한창 즐겁게 이야기하고 있을 때, 갑자기 자전거 한 대가 신호를 위반하지 뭐야. 다행히 기사님이 제때 브레이크를 밟았으니 망정이지 아니면 뒷일이 심각했을 거야.
나나 정말 위험했구나!
샤오쥔 정말 사람들이 모두 교통 규칙을 준수했으면 좋겠어.

 뒷이야기를 이야기하다
사무실에서

선배 부장님께서 어째서 아직 도착을 안 하셨지?
부장 호랑이도 제 말 하면 온다잖아, 나 왔어. 너희들 무슨 내 험담을 했어?
선배 무슨 소리세요. 부장님께선 평소 20분 전에 회사에 오시는데, 오늘은 해가 서쪽에서 떴나 봐요. 놀랍게도 9시 정각에 오셨네요.
부장 말도 마. 내 앞에 초보 운전자가 있었는데 속도가 너무 느려서 딱 보니 지각할 것 같잖아. 조급해 죽을 지경이었지만 추월을 할 수는 없으니 그 초보 운전자를 따라 천천히 기어올 수밖에.
선배 그가 초보 운전자인 건 어떻게 아셨어요?
부장 그 운전자 차 뒤쪽 창문에 '초보가 길에 올랐습니다(초보운전). 잘 부탁 드립니다.'라고 쓰여져 있더라고.
선배 하하, 그건 뭐라고 할 수도 없어요. 제가 한번은 운전을 하는데 앞쪽 차가 초보 운전자였어요. 그 차 뒤쪽 창문에 '제게 뽀뽀하지 마세요.'라고 쓰여 있었어요. 그걸 보고 하마터면 뽀뽀를 할 뻔했다니까요.
부장 내가 말하고 싶은 것은, 만일 앞쪽에 있는 게 초보 운전자의 차라면 그걸 그냥 빨간 불이라고 생각하고 멈추라는 거야.
나나 누구나 초보부터 시작하는 거 아니에요? 며칠 지나면 이 초보들이 여러분보다 더 운전을 잘할지도 모른다고요!
선배 하하, 나나 씨도 운전을 배우기 시작했으니, 빨리 전문가가 되길 바랄게.

语法

1 这件事**难道**你一直不知道吗?
2 部长的心情很好吧, 一直笑**个**不停。
3 **幸亏**你告诉我, 不然我一定忘了。
4 **眼看**就要到中秋节了。
5 **要我说**, 这么重要的事儿应该和父母商量商量。
6 **假如**你有10亿, 你会做什么?

说一说 1

❶ 司机是个特别热情的人。
❷ 司机给小俊介绍了广东的风土人情。
❸ 司机不是新手, 因为一辆自行车突然闯红灯, 所以差点出了交通事故。
❹ 部长平时八点四十分到公司, 他总是提前二十分钟上班。

说一说 2

❶ 我有一次差点出了交通事故。那时候是绿灯, 我因为急急忙忙过马路, 所以没有左右看车, 结果突然有一辆车闯红灯, 差点儿撞到我。幸亏旁边的人拉住我, 不然就出大事了。
❷ 韩国的交通情况不错, 大部分车辆和行人都遵守交通规则。特别是在一些小胡同, 司机们都会主动给行人让路, 让行人先过去, 然后才出发。不过偶尔也能看到一些违反交通规则的司机, 上下班高峰期路上也非常堵车。不过韩国交通发达, 如果不喜欢公共汽车, 可以选择坐地铁, 又舒服又能保证时间。
❸ 我觉得新手一般有两种。一种是勇敢前进型: 他们开车时只顾自己, 不管别人, 这种人特别危险, 最好离他们远一点。还有一种就是安全第一型: 他们认为新手上路, 安全第一, 所以基本上以爬的速度前行。不管后边的人怎么着急, 他们永远不会为了节省时间而让自己和他人受伤害。
❹ 如果遇到了新手上路, 没办法, 只能和他一起慢慢爬了。因为他是新手, 不可能开得那么熟练。还有, 每个人都是从新手过来的, 所以我觉得批评新手是不好的行为, 我们应该理解他们。如果不赶时间的话, 我想我不会选择一些不安全或者影响他人的方法。

说一说 3

A 今天**别提**多倒霉了。
B 怎么了? **看你气成这个样子**。
A 开车的时候**突然有一个行人闯红灯**。
B 那太危险了。**没有出事故吧**?
A 不过幸亏**我及时刹车了**。
B 以后开车一定要小心点儿。

填空

❶ 无聊 ❷ 侃大山 ❸ 风土人情
❹ 长见识 ❺ 提前 ❻ 太阳从西边出来了
❼ 准时 ❽ 新手

课文 娜娜日记 차(车)의 변화

중국의 교통수단에 대해 말하면 사람들이 곧바로 떠올리는 것은 다름 아닌 자전거이다. 과거 생활 수준이 낮았을 때, 집에 자전거 한 대가 있으면 부유한 가정인 셈이었다. 현재까지 자전거는 여전히 가장 유행하고, 가장 편리하고, 사용량이 가장 많은 교통수단이다. 중국에는 자전거 전용 도로가 있고, 출퇴근 시간 도로에는 온통 자전거 천지이다. 그래서 외국인이 중국에 오면 늘 중국은 '자전거 왕국'이라고 감탄한다.

비록 자전거가 여전히 많지만, 도로에는 자동차 역시 점점 많아지고 있다. 국내 생산 자동차에서부터 세계 명품 자동차까지 각종 자동차들이 모두 있다. 많은 사람들이 북방 사람들은 아우디를 좋아하고 남방 사람들은 벤츠를 좋아한다고 말한다. 젊은 사람들에 대해 말하자면 자동차 구매, 특히 유명 자동차 구매는 이미 유행이 되었다. 과거 중국인은 매우 검소하였다. 지금 많은 사람들이 대출을 받아 외제차를 산다. 그래서 많은 사람들이 중국인들의 소비 관념이 지금 하나의 극단에서 또 다른 극단으로 향해가고 있다고 말한다. 어떤 사람은 자동차가 많아지면 생활 수준이 향상된 것이고 좋은 일이라고 말한다. 또 어떤 사람은 자동차가 많아지면서 초래된 문제 역시 많아졌다고 말한다. 당신은 어떻게 생각하는가?

1 ❶ ✕　❷ ✕　❸ ○　❹ ✕

2 ❶ C　❷ B　❸ A

3 ❶ 我觉得韩国使用的最多的交通工具是地铁。在首尔市内一共有9条线路，另外到首尔近郊城市的还有10条线路。首尔地铁可以说是四通八达，所以大部分首尔及周边城市的市民都喜欢使用地铁。不但方便省时，而且地铁内环境很清洁，当然更不用担心迟到。

❷ 上下班高峰期最堵车。堵车时我通常选择两种方式，一是早点儿上班，晚点儿下班。因为上下班高峰期出门的话一定会浪费很多时间去等车，早点上班晚点下班的话就可以很舒服地回家或者上班。二是改坐地铁。坐地铁不管人多挤，也不会堵车。

❸ 我喜欢进口跑车。进口跑车不但性能好，而且设计很特别。另外跟价格相比，安全性更高，速度更快，使用寿命更长，更可以吸引很多人的眼球。

写一写

1 ❶ ✕ 你不知道难道 → 难道你不知道
❷ ✕ 说没完没了 → 说个没完没了
❸ ✕ 对我说 → 要我说
❹ ✕ 不然我们玩儿的很高兴
→ 我们才玩儿得这么高兴

2 ❶ 假如回到十年前，我一定向我喜欢的那个女孩表白。
❷ 假如全世界都用一种语言，整个地球村就会变成一家人。

❸ 假如我是你，我一定不会放弃这么好的机会。
❹ 幸亏你帮我，我才没迷路。
❺ 幸亏你叫我，不然我还在办公室里呢。
❻ 幸亏你来接我，要不我就不能回家了。

听一听

1 ❶ ✕　❷ ✕　❸ ✕
2 ❶ B　❷ C　❸ B

「녹음원문」

部长的新车

部长买了一部新车，同事们都以为是奔驰或者奥迪这样的名牌，结果居然是现代公司的车。太阳从西边出来了，记得部长以前天天说要买奔驰的。部长说最近经济不景气，买不起那么贵的，而且他不想为了一部车贷很多款。汽车呢，实用最重要，而且这款车是节油环保的设计，能节省百分之三十的汽油。现在油价这么高，部长买这样的节油车真是买对了。我越来越佩服我们的部长了。

 자동차 구입 시 주의사항

자동차를 구입하려는 사람은 반드시 자동차 시장을 많이 돌아봐야 하며, 분명하게 생각을 하고 사야 합니다. 자동차는 고가품이므로 자동차 구입 전에 아래의 몇 가지 문제를 고려해야 하며, 자신이 정말로 자동차가 필요한지 확실히 결정을 내려야 합니다.

1. 비용

자동차를 구입한 후 수리, 정비, 휘발유, 주차 이러한 것 모두 돈이 필요합니다. 자동차 구입 전에 반드시 자동차가 있는 친구에게 물어보고, 그들의 한 달 유지 비용이 얼마인지 보고 자신이 부담할 수 있는지 살펴봐야 합니다.

2. 주차 장소

자동차 구입 전, 반드시 주차 장소를 확실히 정해야 합니다. 만일 주차 장소가 없으면 자동차의 안전이 매우 불안할지도 모릅니다.

3. 자동차를 구입할 필요가 있는가, 없는가

만일 회사까지의 거리가 멀지 않다면 매일 택시를 타더라도 비싸지 않으며 주차 비용도 아낄 수 있습니다. 설령 멀다고 하더라도 교통 상황을 고려해야 합니다. 현재 도시 교통은 매우 복잡하고, 차가 잘 막히므로 대중교통을 이용하는 것이 아마 더 빠를지도 모릅니다. 물론 집이 너무 멀고, 주위 교통 역시 불편하면 반드시 차를 사야 합니다.

chapter 06 商业谈判
사업 협상

 1 지피지기면 백전백승이다
사무실에서

- 부장: 샤오쥔, 요 며칠 피곤해 죽을 지경이지?
- 샤오쥔: 부장님, 피곤한 건 괜찮은데요, 저는 그 방 사장만 보면 머리가 아파요.
- 부장: 이것은 올해 가장 큰 규모의 사업이야. 만일 협상되면 회사가 큰 돈을 벌 수 있을 뿐만 아니라, 홍콩 시장으로 진출할 수도 있다고. 그래서 아무리 어려워도 협상을 이루어 내야 해.
- 샤오쥔: 그런데 그 방 사장은 너무 상대하기가 어려워요. 보세요, 원래 협상이 거의 다 되었는데, 지금 갑자기 가격 인하를 요구하잖아요.
- 부장: 그 여우 같은 사람은 우리가 홍콩에서의 경험이 없다는 것을 잘 알고 있어. 그래서 조건을 또 끌어올린 거야.
- 샤오쥔: 너무 지나치네요. 20%나 인하하면 우리는 얼마를 벌라고요?
- 부장: 조급해하지 마. 협상은 원래 가격 흥정이잖아. 반드시 마음을 가라앉혀야 해. 마음을 진정시킬 수 있는 사람이 승리할 수 있다고.
- 샤오쥔: 네, 부장님. 그럼 저희는 이제 어떡하죠?
- 부장: 자네는 나나 씨와 함께 가서 그들의 상황, 그리고 방 사장의 성격, 취미를 다시 조사해 봐. 그리고 그 외에 그들의 주된 경쟁 상대의 자료도 찾아보고.
- 샤오쥔: 맞아요. 지피지기면 백전백승이죠. 바로 가서 하겠습니다.

 2 남의 비위를 맞추다
골프장에서

- 선배: 요즘 어째서 줄곧 골프 연습만 하는 거야?
- 샤오쥔: 부장님께서 오늘 오후에 홍콩의 방 사장과 골프를 치시는데, 저도 따라오라고 하셨거든요.
- 선배: 맞아. 골프장 분위기는 비교적 편하지. 네가 골프 치는 것을 보니 실력이 나쁘지 않아 보이는데?
- 샤오쥔: 네, 예전엔 단지 취미일 뿐이었는데, 지금 고객을 접대하는 데 사용하게 될지 몰랐네요.
- 선배: 허허. 골프 다 치고 뭐 할거야?
- 샤오쥔: 교외의 농가 식당에 가서 식사하려고요.
- 선배: 왜 좀 더 좋은 곳으로 가지 않고?
- 샤오쥔: 남의 비위 맞추려고요. 저와 나나 씨가 조사한 것에 따르면 방 사장은 농가 음식을 제일 좋아한대요. 그래서 우리가 특별히 이곳을 찾았죠.
- 선배: 정말 수고가 많네. 식사할 때 계약서에 서명할 수 있게 되기를 바라.
- 샤오쥔: 만일 그렇게만 된다면 정말 좋을 거예요.

083

语法

1 这几天我忙<u>坏了</u>。
2 这件事他已经答应<u>下来</u>了。
3 情况<u>再</u>糟糕，我们<u>也</u>有解决的方法。
4 我<u>只</u>是说说<u>而已</u>，你不要太认真。
5 虽然学了三年汉语，但听新闻<u>却</u>还是很难。
6 <u>据</u>医生说，他的病就要好了。

说一说1

❶ 因为如果这笔生意如果谈下来了，公司不仅能大赚一笔，而且还能进入香港市场。
❷ 方老板要求再降价。
❸ 部长让小俊去查查方老板的情况，还有方老板的性格爱好。另外还要找找他们主要竞争对手的资料。
❹ 因为方老板喜欢打高尔夫球，今天下午部长和香港的方老板打高尔夫球，让小俊也一起去。

说一说2

❶ 我觉得最难缠的就是商人。记得我去中国旅游的时候，想买一些纪念品回来，所以去了一个纪念品商店。但是里边的东西非常贵，所以我就跟老板讨价还价，好不容易才以便宜的价格买了下来。结果后来朋友们都说我上当了，花高价买便宜货。
❷ 我认为谈合约时最重要的是知己知彼。中国人常说"知己知彼，百战百胜"，如果事先了解对方的情况以及性格和喜好的话，在谈判之前可以做好计划怎么讨好对方。谈判的对方心情好，自然合约谈成的可能性也就提高了。
❸ 我一般和客户交流的时候，都会提前做好调查研究。比如客户的性格、爱好、办事风格等等，了解这些以后我也会为了能跟客户更好地交流，而去学习客户喜欢的一些运动等等。总之我的秘诀就是一切以客户为中心。
❹ 我的客户很难缠。和他谈判的时候总是让我觉得身心疲惫，虽然每次谈判都会得到满意的结果，但是过程很辛苦。我常常为了"投其所好"而去练习客户喜欢的运动，找客户喜欢去的餐厅，或者送客户喜欢的礼物等等。

说一说 3

部长　我们前两天已经谈得差不多了，今天可以签合同了吧？

方老板　对不起，我这几天想了想，合同上还有一些问题。

部长　可是我们明明说好了今天签约的。

方老板　贵公司的产品价格太高了。

部长　这个价格已经是最低的了。

方老板　贵公司第一次提出的价格，我们公司不能接受。

部长　这个我不能自己做决定，我得回去和老板商量一下儿。

填空

❶ 笔　　❷ 生意　　❸ 老狐狸
❹ 讨价还价　❺ 难缠　❻ 知己知彼，百战百胜
❼ 郊区　❽ 气氛　❾ 签约

课文　娜娜日记　공로 축하회

홍콩에서의 계약이 드디어 체결되었다. 우리 영업부 직원들은 매우 기뻐서 눈물을 흘릴 뻔했다. 이 계약을 위해서 두 달 동안 영업부 전체 직원들은 잘 먹지도, 자지도 못하고, 날마다 야근을 했다. 이 지옥 같은 날이 드디어 지나갔다. 만세!

그 방 사장이란 사람에 대해 말하자면, 정말 상대하기 어려운 여우 같은 사람이었다. 협상 기술도 좋고, 말재주도 좋았다. 하지만 우리의 양의 탈을 쓴 호랑이 부장님도 똑같이 대단했다. 이번 협상으로 우리 같은 신입 직원들이 많은 견문을 넓히게 되었다.

협상을 할 때, 자신과 적을 알기 위해서 나는 방 사장의 정보 조사를 책임졌다. 지금은 그의 애완견 이름이 무엇인지도 정확하게 안다. 마지막에 그 결정적인 역할을 한 농가 식당 역시 나와 샤오췐이 매우 어렵게 찾은 것이다. 부장님께서 말씀하시기를 이번 계약이 체결된 것에 두 가지 중요한 요소가 있는데, 첫 번째는 샤오췐이 골프를 잘 쳐서이고, 두 번째는 농가 식당의 음식 맛이 좋았기 때문이라고 한다. 하하, 내 노력이 어쨌든 헛되지는 않은 셈이다.

부장님께서 오늘 저녁에 공로 축하회를 여는데 장소를 나에게 선택하라고 하셨다. 그런데 부장님께서 그 농가 식당으로 가는 것을 추천하셨다. 장난하시나? 그곳은 싸고 멀어서, 난 안 갈 거다! 나는 5성급 호텔에 해산물 뷔페를 먹으러 갈 것이다.

1　❶ ×　❷ ×　❸ ○　❹ ×

2　❶ C　❷ C　❸ B

3　❶ 我在人力部工作，我负责过的最重要最难的工作是策划公司成立20周年庆典。这是我们公司20年以来最大的庆典，所以选择庆典场

地、邀请客户、策划节目等等，忙得我吃不好也睡不好，一个月瘦了5公斤。

❷ 和客户签合同时最重要的是明确对方的身份和履约能力。因为最近利用合同进行诈骗的情况常常发生，为了避免这种情况的发生，一定要事先调查好对方的身份。另外还必须了解对方是否有能力履行合同，这样才能保证双方签订合同后交易的正常进行。

❸ 我觉得想跟客户维持良好的关系，最重要的是投其所好。比如说中国客户大部分喜欢喝酒，听说跟中国人谈判时90%是在酒桌上谈成的。所以，如果你是一位营业部的职员，那就应该练好你的酒量了，这样成功的几率才会大大提高。

写一写

1　❶ × 下去 ➡ 下来
　❷ × 要买 ➡ 不买
　❸ × 却他 ➡ 他却
　❹ ○

2　❶ 我只是开玩笑而已，你不要这么生气。
　❷ 只是小事情而已，不要这么伤心。
　❸ 钱不重要，只是觉得有点儿可惜而已。
　❹ 我们急得要命，他却一副没什么大不了的表情。
　❺ 钱都花光了，心情却很高兴。
　❻ 虽然这次没成功，却积累了不少的经验。

听一听

1　❶ ○　❷ ×　❸ ×

2　❶ B　❷ B　❸ C

「녹음원문」

庆功会

今天我们聚在这里，庆祝公司成功进入香港市场。公司今天的成功是由大家共同的努力获得的。

这几个月来，大家辛辛苦苦加班工作，我们的努力没有白费。这次进入香港市场具有重大意义，从今天起，我们的产品会通过香港走向全亚洲。但这只是一个新的开始。我们的目标是走向全世界。

好，现在大家开始享受这个美好的夜晚吧！但星期一上班别迟到。

오궁교전참미희 (오나라 궁에서 병법을 가르치다 미모의 궁녀를 베다)

손자(孫子)의 이름은 무(武)로 중국의 걸출한 병법가이다. 그의 『손자병법(孫子兵法)』은 전 세계적으로 유명하다. 그러나 그가 처음으로 지휘하고 훈련을 한 것은 궁녀들이었다.

손자가 오(吳)나라에 은거하고 있을 때 오왕이 그에게 병법을 청하고자 하였다. 손무에게 실제로 시범을 보이게 했는데, 손무를 곤란하게 하려고 오왕이 고의로 궁녀들을 훈련시키게 한 것이었다.

손무는 궁녀들을 두 개 부대로 나누고 오왕이 가장 총애하는 두 명의 궁녀를 부대장으로 삼고 자신의 인력거꾼을 법무관으로 삼아 병법을 집행하였다. 처음에 손자는 궁녀들에게 앞에 보기, 뒤에 보기 등으로 간단한 동작만을 명령하였으나 궁녀들은 박장대소할 뿐이었다. 손자가 "장군이 되어서 규정된 동작을 이해시키지 못한다면 다 나의 잘못인 것이다. 이제 내가 규정된 동작을 다시 한번 말할 테니 모두 명령을 준수하길 바란다."고 하였으나 궁녀들은 여전히 비웃으며 규정된 동작을 행하지 않았다.

손무는 크게 화를 내며 "명령은 이미 다 설명했건만 여전히 집행되지 못하는 것은 부대장에게 잘못이 있다."고 말하며 법무관에게 "어떻게 처벌해야 할까요?"라고 물었다. 법무관이 대답하길 "참수해야 합니다."라고 하였다. 오왕은 크게 놀라 "난 이미 선생의 병법이 뛰어난 걸 알고 있네. 이 두 명은 내가 가장 총애하는 비로, 그녀들을 죽이지 마시게나." 하고 말하였다. 손자는 이에 "이미 왕명으로 장군이 되었다 해도, 장군은 싸움터에서 군주의 말을 듣지 않을 수도 있습니다." 하고 말을 마치고는 두 명의 비를 죽였다. 이에 궁녀들은 놀라 소란을 피우지 못하고 일제히 명령에 따라 어려운 동작도 척척 해내었다.

오왕은 비를 잃었기 때문에 매우 분했는데, 이에 손무가 "군대에서는 상과 벌이 엄격해야 합니다. 사병에 대해서는 위엄이 있어야만 그들이 명령에 복종하고 전투에 승리할 수 있습니다."라고 하였다. 손무의 설명을 듣고 오왕도 분노를 거두고 손무를 오왕의 장군으로 삼았다.

chapter 07 讲义气的中国人
의리를 중시하는 중국인

097

 会话 1 **결혼식에 참가하다**
휴게실에서

나나	어휴, 내일 또 결혼식에 참석해야 해.
샤오쥔	친구가 결혼하는데 넌 무슨 탄식을 하고 그래! 아하, 너 남이 결혼하는 거 보니까 질투 나서 그러는 거지?
나나	너야말로 질투하는 거지! 난 축의금 생각만 하면 머리가 아파. 이번 달에 벌써 세 차례나 결혼식에 참석했어. 또 누군가 결혼을 한다면 난 굶어야 할 거야.
샤오쥔	그러니까 누가 너더러 매번 축의금 낼 때마다 그렇게 많이 내래!
나나	친한 친구니까 체면을 살려줘야 하잖아. 돈이 적으면 어떻게 내놓을 수가 있겠어!
샤오쥔	죽어도 체면 따지지.
나나	이건 내 체면만이 아니라 친구 체면도 살려주기 위해서야. 우리가 적게 주면 친구의 체면이 안 서잖아.
샤오쥔	그럼 너 이달 하반기는 어떻게 할 거야?
나나	외식 안 하고, 돈 적게 쓰면 월말까지는 버틸 수 있을 거야.
샤오쥔	그럼 너 매일 두 끼만 먹어, 그럼 다이어트도 할 수 있잖아.
나나	나도 하루 빨리 결혼을 해야 해. 그래야 이렇게 나가는 돈을 모두 걷어올 수 있잖아. 어쩌면 한몫 벌 수 있을지도 몰라.
샤오쥔	먼저 남자 친구나 찾고 얘기해!

 会话 2 **의리**
사무실에서

샤오쥔	우리 회사 상품이 홍콩 시장으로 진출하는 데 필요한 각종 수속이 이렇게 빨리 끝나다니, 방 사장 정말 대단해요.
부장	그럼 당연하지. 애초에 우리가 그와의 협력을 선택한 것은 한편으로는 물론 그들 회사의 경험이 풍부해서이고, 다른 한편으로는 그 사람의 인맥이 넓어서야. 각 업계에 모두 아는 사람이 있어.
샤오쥔	어쩐지 중국인들은 늘 '친구가 많아지면 방법도 많아진다'고 하더라고요.
부장	너는 혼자 해외에 나와있으니 친구를 많이 사귀도록 해. '집에서는 부모께 의지하고, 밖에서는 친구에게 의지한다'고 하잖아. 게다가 중국인은 의리를 중시하기 때문에, 네가 어떤 어려움이 있을 때 그들은 분명히 너를 도와줄 거야.
샤오쥔	저도 느꼈어요. 중국인은 처음엔 좀 쌀쌀 맞지만, 친해지면 굉장히 따뜻하게 대해줘요.
나나	누가 너를 쌀쌀맞게 대해? 정말 양심도 없네.
샤오쥔	말해 뭐해. 그때 내게 말싸움을 건 사람이 누군데.
부장	허허, 너희들처럼 이런 것을 두고 '싸워야 정든다'라고 하는 거야.
나나	부장님, 우리의 친분으로 부장님이 보시기에 이번 업무 평가는…….
샤오쥔	나나 씨, 너 지금 연줄 대고 있는 거구나! 부장님, 저희의 우정도 나쁘지 않은데, 제 업무 평가도…….
부장	좋은 성적을 얻고 싶으면 일해! 아부 떨지 말고!

语法

1 这件衣服大小正合适，**再大就**穿不了了。
2 **是**中国人**就**会唱这首歌。
3 你说的这件事他**并**没有告诉我。
4 大家**一方面**要努力学习，**另一方面**也要锻炼身体。
5 这样做**固然**好，但要花很长时间。
6 只**凭**这一点还不能下结论。

195

说一说 1

① 因为娜娜明天又得去参加婚礼，再有人结婚她就要喝西北风了。
② 为了面子，她觉得给少了不但自己没面子，而且朋友也会没面子的。
③ 因为她想快点把送出去的钱都收回来。
④ 一方面是因为方老板的公司经验丰富，另一方面是因为方老板的人脉很广，各行各业都有熟人。

说一说 2

① 根据情况不太一样。如果只是一般的朋友或者同事，给5万块韩币；如果是比较亲的朋友，一般给10万块韩币左右；但如果是亲戚或者非常非常要好的朋友可能会给更多。
② 为了面子我会买名牌衣服、名牌化妆品、名牌包等等；为了面子我有时候还会吹吹牛；有时候就算自己吃半个月的方便面，甚至饿肚子，也要给朋友面子。我觉得爱面子都是自讨苦吃，但是很难改掉这种习惯。
③ 人脉在韩国也跟在中国一样重要。比如孩子升学、就业，还有社会生活的各个方面，如果没有广泛的人脉，到处都会遇到难关。但是人脉广的人就不一样了，他们不管做什么都很容易。所以我觉得人脉比能力更重要，因为人脉本身就是最大的能力。
④ 虽然"走后门"不是一种好的社会现象，但在现代社会很多事情"走后门"办起来更容易。在韩国"走后门"现象虽然不多，但是偶尔也有人走后门。比如：现在就业难，有些父母通过"走后门"帮子女找工作；有些高中毕业生想进名牌大学，父母又通过"走后门"让子女顺利升学等等。听说"走后门"的现象在我们的邻国中国比较多。虽然"走后门"不是一种好的社会现象，但在现代社会很多事情"走后门"办起来更容易。

说一说 3

A 最近结婚的人特别多。
B 可不是，我这个月每个周末都要参加婚礼。再这样下去，我这个月就得天天吃方便面了。
A 那你少给一点儿礼金不就行了？
B 好朋友结婚给少了拿不出手啊。
A 你快点儿结婚吧，这样就可以把送出去的礼金都收回来了。
B 哪有那么容易，我连男朋友都没有呢。

填空

① 人脉　② 交情　③ 当初　④ 礼金
⑤ 拿得出手　⑥ 坚持　⑦ 喝西北风　⑧ 叹气

课文

 小俊日记　삼고초려

중국에 매우 유명한 '삼고초려'라는 고사가 있다. 삼국시대 때, 유비가 제갈량이 매우 똑똑하다는 말을 듣고, 그에게 자신과 함께 일을 하자고 청하고 싶어 했다. 처음 두 번 갔을 때에는 제갈량이 집에 없었고, 세 번째 갔을 때에는 제갈량이 마침 자고 있어서 유비는 밖에서 정중하게 기다렸다. 제갈량이 유비의 이러한 진심을 보고 마침내 유비를 돕는 것에 동의했다. 결국 제갈량의 도움 아래, 유비는 촉국(蜀國)을 세웠다. '삼고초려'의 방법은 중국에서 매우 유행이다. 많은 경우에 사람들은 예의 있게 한두 번 거절하고 그 후에 받아들인다. 당연히 요청하는 사람도 반드시 두세 번은 요청을 할 것이다.

나의 프랑스 친구가 화난 듯 나에게 중국인들은 자신을 존중하지 않는다고 말했다. 알고 보니 그가 최근에 중국인과 협상을 하면서, 한 가지 조건을 협상할 때 그가 "아니오."라고 대답했는데, 중국인은 그를 믿지 않고 그에게 몇 번이나 더 물은 것이었다. 나는 웃으면서 그에게 '삼고초려'의 이야기를 해 주었더니 그제서야 이해하였다. 그러나 그는 여전히 중국인은 너무 에둘러 말한다고 여긴다.

사실 이 모든 것이 중국인은 너무 겸손하기 때문이다. 하지만 많은 외국인들, 특히 서양인들은 그들의 진짜 생각을 이해하기가 어렵다. 그러나 나는 지금 중국인의 습관을 이미 이해하였다. 지금 만약 중국인 친구가 집에 손님으로 와서 내가 "차 한 잔 따라 줄까?"라고 물으면 그는 분명히 "괜찮아."라고 대답하지만, 이때 그래도 차를 준비해야 한다는 것을 안다.

听和说

1 ① ✕　② ✕　③ ✕　④ ✕
2 ① B　② B　③ C
3 ① 我觉得不管时代怎么变化，"三顾茅庐"的精神都是不可缺少的。虽然优秀的人才很多，但是如果没有一个愿意为人才投资的人的话，人才也没有机会发挥自己的能力。懂得"三顾茅庐"的人，不但是对人才的一种珍惜，也能为自己的企业的发展带来新的机会。
② 除了谦虚以外，我觉得中国人还很开放。他们喜欢接受外国的先进文化，对于一些保守落后的思想丢得很快。比如重男轻女的思想，听说以前特别严重，但是现在很多人反而觉得女儿更好，甚至有人想尽办法生女孩儿。

❸ 我觉得韩国人性格特别急。韩国人的口头禅是"快点！快点！"，很多韩国人吃一顿饭的时间只需要10~20分钟；韩国人从来不午睡，他们觉得那是浪费时间；韩国人走路很快，不像中国人一样慢悠悠的。正是因为这样，韩国人的压力也越来越大。

写一写

1. ❶ ✕ 才 → 就
   ❷ ✕ 却 → 并
   ❸ ✕ 固然能力 → 能力固然
   ❹ ◯

2. ❶ 你为什么想去中国？一方面是为了学习汉语，另一方面是想了解中国文化。
   ❷ 妈妈为什么看起来不高兴？一方面是因为工作不顺利，另一方面是因为孩子不听话。
   ❸ 找工作时要注意什么？一方面要看福利好不好，另一方面要看公司的气氛怎么样。
   ❹ 是好学生，就会自己主动学习。
   ❺ 是好朋友，就应该出手相助。
   ❻ 是韩国人，就不可能不喜欢泡菜。

听一听

1. ❶ ✕   ❷ ✕   ❸ ◯
2. ❶ A   ❷ A   ❸ B

「녹음원문」

知音的由来

中国人提到好朋友时经常说"知音"或者"知己"，那么这两个词是怎么来的呢？

古时候有一位著名的音乐家叫俞伯牙，可是没有人理解他的音乐，俞伯牙觉得很寂寞。一次他在旅行的时候，弹起琴来，有一个人听了一会儿，说："你的音乐里表现的是高山。"，俞伯牙又弹了一会儿，那个人又说："现在你的音乐里表现的是流水。"俞伯牙非常高兴，因为这首曲子的名字就是《高山流水》。

听琴的人叫钟子期，俞伯牙和钟子期喝了一晚上的酒，约定第二年再见面。可是第二年钟子期得病死了，俞伯牙很伤心，把琴摔碎了，纪念这位能听懂自己音乐的朋友。后来，中国人就用"知音"，"知己"来表示理解自己的好朋友了。

 친구

-주화건-

요 몇 년 동안 혼자 외로이
세상 풍파를 헤치고
눈물도 아픔도 있었지
이제 무엇을 지켜야 할지

진정한 사랑을 겪어야
외로움과 반성을 깨달을 수 있지
꿈과 당신이 내 맘속에 있기에

한평생 함께 할 친구여
지나간 세월은 다시 오지 않으리

말 한 마디, 한평생,
삶의 정, 술 한 잔

친구, 네가 있어 외롭지 않았고
친구란 한마디에 마음이 통했었고
상처와 아픔이 따르겠지만
그래도 가야 하지, 내가 있잖아…….

chapter 08 算命
운세

 1 연애운
사무실에서

선배 너희 둘 왜 이렇게 흥분해. 어디 갔던 거야?
나나 저희 유명한 점집에 가서 점을 봤는데, 줄 서는 데만 한 시간이 걸렸어요.
선배 지금이 어떤 시대인데 아직도 그런 미신을 믿어?
나나 그 점쟁이의 점은 정말 잘 들어맞더라고요. 선배님도 한번 가 보세요.
선배 난 안 가. 그가 그렇게 잘 맞힌다니, 너를 알고 있었던 거 아냐?
나나 누가 그래요? 우린 예전에 전혀 만나본 적이 없다고요.
선배 그럼 그 점쟁이가 네 올해 운은 어떻다고 했는데?
나나 하하, 점쟁이가 제 올해 연애운이 좋다고 했어요. 그래서 소개팅하러 가기로 결정했지요. 저의 백마 탄 왕자님을 만날 수 있을지도 모르잖아요.
김 비서 난 네가 소개팅을 하지 않더라도 백마 탄 왕자를 만날 수 있을 거라고 생각해.
나나 왜요?
김 비서 점쟁이가 너의 연애운은 '멀리는 하늘 끝에 있고, 가까이는 눈앞에 있다'라고 말하지 않았어? 바로 우리 회사 안에 있을지도 모르잖아.

나나 됐어요. 우리 회사에는 잘생긴 사람이 한 명도 없는걸요. 아, 부장님, 샤오쥔, 모두 다 계셨네요. 전 두 분을 두고 얘기한 게 아니에요…….

会话 2
사무실에서

나나 샤오쥔, 네 띠가 뭔지 알려줘. 내가 네 올해 운이 어떤지 봐 줄게.
샤오쥔 양띠야. 내 운세는 어때?
나나 인터넷에 양띠인 사람은 올해 운세가 별로 좋지 않고, 특히 돈 쓰러 나가는 것을 줄이는 것에 주의해야 한다고 하네.
샤오쥔 그런 건 난 마음에 두지 않아. 어차피 쓸 돈도 없어. 나 대신 좀 봐 줘, 양띠인 사람은 무슨 띠인 사람과 결혼하면 비교적 잘 어울리는지.
나나 와, 너 그런 걸 아직 믿어?
샤오쥔 안 믿어. 그런데 부모님이 믿으시거든. 내 친구 한 명이 여자 친구와 3년을 교제했는데, 부모님이 그들의 결혼을 줄곧 반대하셔.
나나 왜? 여자 성격이 안 좋아?
샤오쥔 아니. 점쟁이가 그들의 궁합이 맞지 않다고 했대.
나나 그저 너무 미신을 믿는 거 아니야?
샤오쥔 방법이 없어. 그래서 나는 여자 친구 찾을 때, 아예 처음부터 궁합이 맞는 사람을 찾을 생각이야. 때가 되었을 때, 부모님과 여자 친구 중간에 끼어서 어떻게 해야 할지 모를 때를 대비해서 말이야.
나나 내가 보기에 너 여자 친구 찾는 건 쉽지 않아 보인다.

语法

1 A: 你要去英国留学吗?
  B: 谁说的，我没打算去英国。
2 他的一生中，有走运的时候，也有不走运的时候。
3 我穿了件厚衣服，即使下雪也不会觉得冷。
4 他对这件事一点儿也不在乎。
5 反正已经晚了，还下着雨，你最好不要去了。
6 你们先走吧，省得赶不上飞机。

说一说 1

❶ 娜娜从算命馆回来。
❷ 算命先生说娜娜今年走桃花运。
❸ 金秘书觉得娜娜在公司里也能找到白马王子。
❹ 小俊属羊。

说一说 2

❶ 我没算过命，因为我不迷信。不过我的朋友算过命，算命先生说我的朋友会和一个外国人谈恋爱，而且很可能会国际结婚。不过我觉得那个算命先生说得很准，因为我朋友现在的老公是中国人。
❷ 我最近比较走财运。周末我和朋友逛街的时候，看到一个彩票投注站，就随便买了一张，没想到中了三等奖。奖金虽然不太多，不过我和朋友都很高兴，所以我们拿着奖金一起去酒吧喝酒庆祝了。
❸ 我属狗。网上说属狗的人很正直，看到不好的事情绝对不会不管；喜欢学习，并且喜欢听别人的意见；很有魅力，常常会得到异性的好感。但是缺点是太固执，太直率，而且不容易相信别人。
❹ 我不相信批八字。批八字是一种迷信，我不同意婚前批八字。在韩国婚前一定要批八字，如果两个人八字不合的话，很可能不能结婚。可是为什么每对夫妻都是批八字以后结婚的，但是离婚率还是越来越高呢？所以我觉得用批八字的方法来判断该不该结婚是不科学的。

说一说 3

A 看你急急忙忙的，从哪儿回来啊？
B 我去算命了。
A 是吗？算命先生说什么了？
B 他说我今年有结婚运。
A 你觉得他说得准吗？
B 我觉得他说得特别准。
   你也去算算吧，很有意思。
A 我才不相信迷信呢。

填空

❶ 算命 ❷ 相亲 ❸ 属 ❹ 桃花运
❺ 白马王子 ❻ 反对 ❼ 迷信 ❽ 夹

课文 小俊日记 사무실 안의 운세 바람

요즘 사무실에 갑자기 점 보는 바람이 불었다. 사람들이 매일 사주, 손금, 관상, 별자리, 타로카드점 등 다양한 점에 대해서 이야기하는데 온갖 점들이 다 있다. 처음에는 여자 직원들만 관심을 보였는데, 이제 남자 직원들도 관심을 가지게 될 줄은 생각지도 못했다. 이 세상이 도대체 왜 이러는지 정말 이해가 안 된다.

나나는 다음 주부터 주말마다 소개팅을 하러 가기로 계획했다. 왜냐하면 점쟁이가 올해 연애운이 좋다고 했기 때문이다. 나는 백마 탄 왕자가 하늘에서 떨어지는 것이라고는 믿지 않는다.

남자들이 가장 관심을 갖는 것은 승진이다. 휴, 만일 점을 봐서 내가 언제 승진할 수 있는지 안다면 우리가 이렇게 열심히 일하는 게 무슨 소용이 있는가!

요즘 나나가 나에게 치아 교정을 하러 가라고 권하였다. 그녀는 관상에 따르면 치아가 가지런한 사람이 더 쉽게 돈을 벌 수 있다고 한다. 만일 정말 돈을 벌 수 있다면 나는 곰곰이 잘 생각해 볼 것이다.

听和说

1 ❶ ✕ ❷ ✕ ❸ ✕ ❹ ○
2 ❶ D ❷ D ❸ C
3 ❶ 我对塔罗牌比较感兴趣。听说塔罗牌是比较科学的算命方式，而且我有很多朋友都去算过塔罗牌，他们回来以后都说算得很准。我也希望以后有机会能去算算塔罗牌。
❷ 我最想知道金钱运。我觉得爱情运、事业运、家庭运等等虽然也很重要，但是金钱运好的话，别的运气也会变好的。只是我不知道算命先生算得准不准。
❸ 我觉得如果通过整容可以改变一个人的运气的话，我会考虑去整容。最近韩国的很多艺人都整容，整容以后他们不仅获得了人气，金钱运也变好了。特别是女艺人，不仅事业运变好了，甚至还能找到一个白马王子结婚。我觉得用一点点的金钱和疼痛换一辈子的幸运与幸福很值得。

写一写

1 ❶ ✕ 走运 → 不走运
❷ ✕ 虽然 → 反正
❸ ✕ 不管 → 即使
❹ ○

2 ❶ 反正也没有什么事，你就多睡一会吧。
❷ 你好好休息几天吧，反正公司的事有我呢。
❸ 反正我现在很清闲，就陪你一起去吧。
❹ 到了就打电话，省得我担心。
❺ 你今天早点儿出发，省得赶不上飞机。
❻ 你应该快点儿学汉语，省得去中国语言不通。

听一听

1 ❶ ✕ ❷ ✕ ❸ ✕
2 ❶ C ❷ B ❸ C

「녹음원문」

血型

到现在为止，科学家们把人类的血型分为四种，就是A、B、AB和O型。这四种血型中，最早出现的是O型，大概出现在公元前6万年到4万年之间，然后是A型，出现在公元前2.5到1.5万年之间。AB型出现到现在还不到100年，是出现得最晚的血型。血型是随着人类发展不断变化的，很多科学家认为将来可能会出现新的血型，比如C型。

很多日本和韩国的学者都相信血型和性格有关。一般来说O型血的人比较外向，有领导能力；A型血则是比较内向细心；B型血比较乐观，但没有集体观念，不遵守规则；AB型血综合了A型和B型的特点，细心，但充满了矛盾，据说日本人中AB型最多。韩国女孩儿不太喜欢B型的男孩儿，认为他们自私，不关心别人。但在西方，血型与性格有关的研究并不流行，大部分人并不关心自己的血型是什么。

혈액형과 성격

사람이 서로 다른 시기에 태어나듯이 혈액형에 따른 성격도 각각 다릅니다.

A형인 사람은 어릴 적에 비교적 제멋대로이며, 젊을 때의 성격은 과감하고 승부욕이 강합니다. 사회에 진출하고 나서는 연령의 증가와 사회 경험의 축적에 따라 그들은 자신의 감정을 억제시키고 신중하고 겸손한 태도를 드러내어 지나치게 자신을 드러내기 원하지 않는 '신중파'가 되기 쉽습니다. A형인 사람이 노년이 되면 매우 고집이 강한 걸 드러냅니다.

B형인 사람은 대부분 천진난만한 유년기를 갖고 있습니다. 연령의 증가에 따라 점차 거침없이 말하거나 교제에 능하지 못한 두 종류의 유형으로 나뉩니다. B형인 사람은 어릴 적부터 늙을 때까지 성격 변화가 크지 않기 때문에 상대적으로 말해서 그들은 사람들로 하여금 살면 살수록 젊어지는 느낌을 받게 합니다.

O형인 사람은 어린 시절 비교적 온순합니다. 하지만 연령의 증가에 따라 그들은 적극적으로 강한 자신의 주장과 표현을 드러내어 매력 있는 사람이 됩니다. O형인 사람은 일생의 변화가 가장 크고 종종 유년 시절에는 온순하고 노년이 되면 강경해집니다.

AB형인 사람은 대부분 어릴 적 낯선 사람을 두려워하고 내성적입니다. 하지만 성장한 후에는 친구 사귀는 것에 능하고 교제가 광범위합니다. AB형인 사람은 자신감이 지나치기 때문에 자만하기 쉽고 노년기에 사람들에게 오만하다는 느낌을 줍니다.

chapter 09 新职员
새 직원

会话 1 새 직원 1
사무실에서

부장 내년에 회사에서 홍콩에 지사를 설립하는데, 새 직원들을 모집할 계획이라 인사부에서 우리들의 의견을 들어보고 싶어 해.

선배 홍콩에 가서 일을 하게 되면, 반드시 홍콩의 환경에 익숙하고 광둥어도 잘하는 사람으로 찾아야 해요. 제일 좋은 것은 홍콩인을 찾는 거지요.

샤오쥔	영어도 매우 중요해요. 만일 한국어도 할 수 있다면 더 좋죠. 본사와 교류하기에 좋으니까요.
김 비서	부지런하고 적응력도 강한 사람을 찾아야 해요. 막 지사를 설립하는 것이니 일도 분명히 엄청 많을 거잖아요.
샤오쥔	저는 무역 혹은 경영 관리 전공자면 비교적 좋을 것 같아요. 어쨌든 학교에서 공부를 조금 했으니 훈련시키기도 쉽지요.
나나	저는 전공은 그다지 중요하지 않다고 생각해요. 학교에서 배운 것과 실제 업무는 별개라서 출근하게 되면 모두 처음부터 다시 시작해야 하잖아요.
샤오쥔	그럼 우리는 마땅히 남자 직원을 뽑아야 해요. 새 지사라서 스트레스가 제일 많을 텐데 남자가 더 적합할 것 같아요.
나나	네 생각은 너무 구식이야! 요즘 여자들도 고생할 줄 안다고. 또 여자들이 인간관계에도 더 능하고.
선배	난 남자든 여자든 반드시 외모가 괜찮은 사람을 뽑아야 한다고 생각해요. 요즘은 이미지가 매우 중요해서 남자는 잘생기고 키 큰 사람, 여자라면 예쁘고 부드럽고 상냥한 사람이어야 해요.
샤오쥔	저도 그렇게 생각해요. 사실대로 말해서 우리 사무실에 가장 부족한 것이 바로 부드럽고 상냥한 미녀라고요.
나나	너 마누라 감 찾니!

새 직원 2
사무실에서

김 비서	들었어? 새 직원이 내일 온대.
나나	어떤 사람이야?
김 비서	홍콩대학을 올해 막 졸업한 학생이고 전공은 국제 무역이라고 들었어.
나나	경험 많은 사람도 많지 않았어? 왜 막 졸업한 사람을 뽑은 거야?
김 비서	부장님께서 젊으면 생각도 많고, 개성과 창의력도 있고, 환경도 빨리 적응한다고 하셨어.
나나	성격은 어떤데?
김 비서	홍콩대학에서 그를 모르는 사람이 거의 없을 정도인데, 동아리도 몇 개를 만들고 농구도 잘한다고 들었어. 그 외에, 방학 때는 늘 아르바이트를 해서 비록 정식 직장 경험은 없지만 완전 문외한이라고는 할 수 없어.
나나	그렇게 대단하다니, 우리 긴장해야겠는걸. 막 들어온 신입 사원과 비교를 당한다면 어디에서 체면을 세우겠어.
김 비서	긴장할 필요 없고, 우리 이 문서들이나 잘 정리하고 치워서 새 동료에게 좋은 인상을 주자고.

语法

1 他**既**是我的老师，**又**是我的朋友。
2 虽然迟到了，可他**毕竟**来了。
3 不管怎么样，你先找到他**再说**吧。
4 他的汉语发音非常好，**几乎**和中国人一样。
5 **除此以外**，不知道还有什么方法。
6 他们把咖啡包**起来**。

说一说 1

❶ 因为明年公司要在香港设立分公司。
❷ 要会粤语，因为会粤语的人熟悉香港的环境；最好还会韩国语，方便和总公司交流。
❸ 小俊觉得应该找个男孩儿，因为新的分公司压力最大，男孩儿更合适；娜娜觉得女孩儿也很能吃苦，而且更善于处理人际关系；学长觉得男女没关系，重要的是形象。
❹ 新职员是香港大学毕业的。

说一说 2

❶ 如果我的公司招聘新职员的话，首先我会找一个女职员。因为我觉得女职员工作起来更认真，更仔细，很少发生错误。其次，要找一个外语好的，方便和外国客户交流。最后还要找一个形象和口才好的。好的形象可以给对方一个好印象，口才好是商业谈判成功的关键。
❷ 我认为在韩国外貌对找工作影响很大。现在在韩国流行外貌至上主义，如果在能力和学历相同的情况下，很多公司在招聘新职员的时候会选择外貌好的职员。因此为了就业成功，很多年轻人在外貌方面投资，因为外貌不太好的话，可能连参加面试的机会都没有。
❸ 有经验的人在找工作时的优点是：因为工作经验丰富，所以受到用人单位的欢迎。缺点是：用人单位会觉得他们因为有工作经验，所以可能工作起来不会太认真。应届毕业生找工作时的优点是：年轻，有活力，工作时充满热情，用人单位喜欢可以活跃公司气氛的人。缺点是：因为缺乏经验，所以可能常常出错，或者经过一段时间的培训，成为有工作经验的人以后很容易跳槽。
❹ 在韩国上下级的关系非常严格。新职员的到来意味着有些新人变成老职员，新职员自然成为办公室里泡茶、倒水的人。当然最大的变化是新职员年轻，有活力，有热情，整个办公室的气氛都会变得年轻，轻松。

说一说 3

A 我们需要一个新职员，大家觉得应该招聘什么样的人？
B 我们是营销部门，所以要找口才好的。
A 性格活泼的话更好。
B 我觉得应该选男职员，因为男职员可以工作更久。（我觉得女职员更好，因为女职员工作细心。）
A 什么专业比较好呢？
B 我觉得什么专业无所谓。外貌有要求吗？
A 我希望招聘一个美女或者帅哥。

填空

❶ 应届毕业生　❷ 创立　❸ 贸易　❹ 门外汉
❺ 熟悉　❻ 招聘　❼ 工商管理

课文　小俊日记　새 직원 3

최근에 사무실 도처에 소문이 퍼졌는데 모두 새 동료와 관련된 것이다. 모든 사람이 말하는 것이 다 다르니 누구 말을 믿어야 할지 모르겠다. 부장님께 여쭤보아도 미소만 지으시며 아무것도 말씀하시지 않으시니, 사람들은 오로지 새 동료가 와서 이야기하는 것을 기다리는 수밖에 없다.

오늘 우리들이 보름 내내 이야기했던 주인공이 드디어 나타났고 소문은 믿을 수 없는 것이라는 걸 증명하였다. 새 직원은 의외로 두 명으로, 한 명은 남자이고 한 명은 여자였다. 남자 사원은 홍콩 대학 졸업생이고, 캠퍼스에서 백마 탄 왕자님이었다고 한다. 여자 사원은 광저우외국어대학교 학생으로 머리카락이 길고 목소리가 매우 듣기 좋았다. 그런데 보아하니 광둥어 하는 것을 더 좋아하는 것 같았는데, 나는 못 알아듣는다.

두 명의 새 직원은 내가 책임지고 그들에게 업무를 가르친다. 비록 두 사람 모두 잘하지만, 새 직원은 어쨌든 새 직원이니 모르는 것이 너무 많다. 나는 나나가 그 당시 나를 왜 그렇게 싫어했는지 드디어 알았다. 내 일만 해도 이미 너무 바쁜데 그들의 문제에 대답까지 해 주려니 어떤 때는 정말 그들에게 화를 내고 싶다.

그렇지만 두 명의 새 직원은 매일 나에게 음료수를 사 주어 나도 화내기가 좀 겸연쩍다. 지금 생각해 보면 만일 그 당시 나도 이랬다면 나나가 아마 그렇게 화를 내지는 않았을 것이다. 요즘 젊은 사람들은 정말 다르다. 보아하니 나는 시대를 좀 못 따라가는 것 같다!

听和说

1 ❶ ✕　❷ ○　❸ ✕　❹ ✕
2 ❶ B　❷ A　❸ C

3 ❶ 我们公司最近有一个小道消息，那就是听说我们的部长要辞职了。我觉得小道消息也是消息，不可能没有理由地出来小道消息，虽然不能完全相信，但是也不能完全不信。
❷ 我喜欢少说话多做事的新职员。最近的年轻人都喜欢用嘴做事，可是实际工作能力却不怎么样。我不喜欢会拍上司马屁的人，真正有能力的人，应该通过努力工作来发挥自己的能力，而不是靠拍上司的马屁在公司生存下去。
❸ 我不喜欢教新职员。因为最近的新职员都不太听话，而且不太认真，教他们很头疼。新职员最让我高兴的是公司会餐的时候气氛很好。最让我头疼的是新职员喝酒以后，眼里没有上司和下属。

写一写

1 ❶ ✕ 汉语学了这么多年毕竟
　→ 毕竟学了这么多年汉语
❷ ✕ 再说吧以后 → 以后再说吧
❸ ○
❹ ✕ 出来 → 起来

2 ❶ 妈妈既是贤妻，又是良母。
❷ 发生了这种事，我既生气又难过。
❸ 你既要有决心，又要有勇气。
❹ 毕竟他已经道歉了，你就不要这么生气了。
❺ 毕竟这么大的问题，我不能马上做决定。
❻ 不管怎么样，你毕竟爱过他。

听一听

1 ❶ ✕　❷ ✕　❸ ✕
2 ❶ A　❷ C　❸ B

「녹음원문」

简历

小张，30岁，2005年毕业于中国南开大学国际贸易系，从2005年到2007年在一家美国企业工作，2007年成为这家公司营销部的科长，辞职后到英国学习MBA课程，最近回国。

小王，26岁，应届毕业生，毕业于东北师范大学中文系，第二专业是韩国语。在校期间，拿到了教师资格证和秘书资格证，英语托业成绩是800分。

小李，27岁，去年毕业于北方工业大学数学系，毕业后在一家小公司担任会计，考取了会计师资格证。

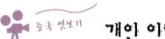 **개인 이력서**

성명:　　　　　　성별:　　　　　　민족:
출생 년월:　　　　연락처:　　　　　직장 경험:
학력:　　　　　　전공:　　　　　　출신 학교:
주소:
이메일:

입사 취지:
희망 직위:
희망 직종:
희망 연봉:
희망 지역:
퇴직 시기:

직장 경력:

20×× – 현재까지
20×× – 20××

교육 훈련:

참고: ××방면의 전공 기술 훈련에 관련하여 ××자격증을 취득하였다.
　　××대학 ××전공 본과
　　체계적으로 ××방면의 이론 지식을 학습하였고 ××직장의 직업 능력을 갖고 있다.

자기 평가:

 网络新现象
네트워크상의 새로운 현상

139

 단체를 조직하다
술집에서

샤오쥔　곧 휴가인데, 나나 씨는 어떤 계획이 있어?
나나　나는 여행단을 조직해서 '拼客'가 한번 돼 보려고.
샤오쥔　'拼客'가 뭐야?
나나　너 이것도 몰라? '拼客'는 바로 인터넷을 통해서 모여서 어떤 일을 함께 하고 마지막에 더치페이를 하는 사람이야.
샤오쥔　좀 더 자세히 말해 줄 수 없어? 여전히 이해가 안 돼.
나나　집 빌리는 것을 예로 들어 볼게. 혼자 집을 빌리면 비싸고 함께 빌리면 싸잖아. 그런데 네 친구들은 이곳에 살고 싶어하지 않아. 그럼 넌 어떻게 할 거야?
샤오쥔　그렇게 되면 어쩔 수 없이 혼자 빌리거나 아니면 장소를 바꿔야겠지.
나나　만약 '拼客'라면 그들은 지역이나 가격 등의 정보를 웹상에 올릴 거야.

샤오쥔　아, 이해했어. 인터넷을 통해서 함께 빌릴 사람을 찾을 수 있다는 거구나.
나나　맞아. 이렇게 뭉치면 친구도 사귈 수 있고, 방값도 아낄 수 있으니 일거양득 아니겠어?
샤오쥔　정말 좋다. 그럼 이번에 여행단 조직할 때 나도 끼워 줘. 그리고 운전할 수 있는 사람, 요리사, 가이드도 찾아서 그다음에 차 한 대 빌려서 야영 가자.
나나　가이드는 아마 시간이 없을 거야. 지금은 여행 성수기라서 그들은 돈 버느라고 바쁠 텐데 너와 같이 갈 시간이 어디 있겠니? 내가 가이드 해 줄게. 그런데 넌 뭐 할 거야?
샤오쥔　하하, 너희들 지도하는 걸 책임질게.

 집을 합치다
휴게실에서

김 비서　부장님, 나나 씨는 모임을 만들어서 여행을 간다던데, 부장님은 뭐 할 계획이세요?
부장　나는 그냥 햇빛이 밝게 비치는 곳을 찾아가려고. 일도 없고, 컴퓨터도 없고, 새벽 6시에 일어나서 저녁 10시에 자고, 낮에는 태양을 쬐고, 바닷바람을 맞고, 저녁 무렵에는 모래사장에서 석양을 보고 말이야.
나나　기왕 그러시다니, 우리가 부장님의 생각을 인터넷에 올릴 테니 사람을 찾아서 단체를 만들어서 가세요.
김 비서　그래요. 부장님 평소에 바빠서 연애할 시간도 없으신데, 이번 기회에 여자 친구를 찾으세요.
샤오쥔　여자 친구를 찾고 싶으면 방을 함께 구하는 것이 낫겠어요. 남녀가 집을 함께 빌리면 접할 기회가 비교적 많잖아요.
나나　남녀가 집을 같이 빌리는 건 TV에서나 나오는 거지, 동양 사회는 너무 보수적이야. 현실에서 어떤 여자가 남자와 함께 방을 빌려서 살 용기가 있겠어?
샤오쥔　우리 부장님은 잘생기시고 일도 잘하시고, 진정한 골드미스터죠. 전 인터넷에 올리기만 하면 바로 미녀들 한 무더기가 같이 자취하자고 올 거라 생각해요.
부장　나의 애정 생활은 너희들이 걱정할 필요 없어. 더군다나 난 내 집이 있으니 같이 방을 빌릴 필요도 없다고. 자, 수다 떠는 시간은 여기까지 하고 모두 일하러 가자!

语法

1 拿产品的质量来说，最近提高了很多。
2 既然你一定要去，我就不反对了。
3 工作不多，我一个人做得过来。
4 趁着剩下的时间，我们再练习一遍吧。
5 只要我们打电话告诉他，他就会把东西寄过来。
6 你去接她吧，这里本来就不好找，何况她又是第一次来。

说一说1

❶ 拼客是指通过网络聚在一起，共同完成一件事，最后实行AA制的人。
❷ 拼客通过网络找伙伴。
❸ "拼"的好处是既可以交到朋友，又可以省钱。
❹ 部长想找个阳光明媚的地方，没有工作，没有电脑，早晨六点起床，晚上十点睡觉，白天晒晒太阳，吹吹海风，傍晚在沙滩上看夕阳。

说一说2

❶ 我想拼房。因为韩国的房子太贵了，我现在住在首尔，在首尔想要一个人租房子简直比登天还难。但如果不租房子的话，就只能住又小又黑的考试院。如果有人愿意的话，我希望找一个人一起拼房，又可以省钱，又可以住大房子，当然还可以交朋友。

❷ 我觉得世界上大部分的事都是"一举两得"。比如说结婚，对于男人来说，结婚后不但有了家和家人，而且不再寂寞，还有人给做饭；对于女人来说，除了有了自己的家和家人以外，又有人给自己赚钱，又有人陪自己出去旅游。结婚的好处不止这些，所以我觉得结婚是"一举多得"。

❸ 我是一个比较开放的人，我觉得男女合租没什么问题。首先合租的第一目的是为了省钱，那么性别就不太重要。其次如果我是单身，跟异性合租好处就更多了，说不定可以交到一个女朋友。最后男女合租的话，不容易发生矛盾，因为异性之间更容易相处。男女合租可以说是一种"双赢"。

❹ 我听说最近在中国出现了一个新的族群，他们叫"晒客族"。晒客族就是通过照片或者文字的形式，把个人物品或者私生活等等在网上公开的网友。他们甚至把自己的工资收入也都详细地在网上公开。我很羡慕他们的勇气，但是我不喜欢让别人看到我的私生活，所以我不会当"晒客族"。

说一说3

A 你在干什么？
B 我想在网上拼一个团。
A 什么样的团？
B 我想拼一个欧洲八国游的团。
A 算我一个，费用大概是多少？
B AA制的话用不了多少钱。我们再找一个当地的导游。
A 太好了。

填空

❶ 傍晚   ❷ 夕阳   ❸ 黄金单身汉
❹ 地段   ❺ 厨师   ❻ 指挥
❼ 野营   ❽ 接触   ❾ 保守   ❿ 网络

课文 娜娜日记 네트워크

요즘 중국의 신문에서는 종종 '威客'라는 단어가 출현한다. 그럼 '威客'란 도대체 무엇인가? '威客'의 영문 명칭은 'Witkey'이다. 바로 'The key of wisdom'의 줄임말로 네트워크를 통해서 자신의 지혜, 지식, 능력, 경험을 실제 수익으로 바꾸는 것이다.

인터넷의 발전에 따라 사람들은 인터넷을 단지 기계의 네트워크일 뿐 아니라, 인간 대뇌의 네트워크로도 인식하게 되었다. 이러한 배경 아래, '威客' 홈페이지가 생겨났다.

우리가 문제에 봉착했을 때, 미션과 상금을 '威客' 홈페이지에 올리면 지식인들이 미션을 보고 자신의 해결 방안도 홈페이지에 올린다. 그리고 최종적으로 홈페이지에서 상금의 80%를 가장 좋은 지식인에게 준다. 남은 20%는 홈페이지의 수입이다. 이러한 방식을 통하여 우리의 지식, 경험은 모두 진정한 재산으로 변하게 되는 것이다.

우수한 '威客'의 수입은 굉장히 높다고 들었는데 '威客'는 이미 많은 젊은이들의 사업 아이템이 되었다.

온라인으로 백만장자가 되고 싶습니까? 그렇다면 빨리 '威客' 홈페이지에 가입해서 '威客'가 되십시오.

1 ❶ ×   ❷ ×   ❸ ×   ❹ ×

2 ❶ B   ❷ A

3 ❶ 韩国也有很多威客网站。在威客网站上，网友们也把自己的智慧、知识、经验等公开，在跟所有的网友一起分享的同时，还能获得一些实际收入，所以很多人在威客网上活动。韩国人使用最多的威客网站要数"知识人"了。

❷ 优点是可以分享自身的智慧、知识、能力等，并且可以通过分享而获得实际收入，有需要的人随时可以在威客网站上获得自己所需的信息，应该说这是一种双赢。问题是由于威客网站处于不断发展和进步的阶段，所以分类还不是很详细；另外有人可能只是为了获得经验值，而在威客网站发布质量差的答案或者信息等等。

❸ 我觉得网络就是一本百科辞典，如果有需要的话，我会把所有好奇的问题都放到网上请人帮忙。比如说：哪里有名的饭店；什么化妆品好用；最近流行的发型；结婚准备怎样做比较合理等等。

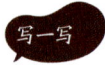

1 ❶ ✗ 对吃的来说 ➡ 拿吃的来说
  ❷ ✗ 过去 ➡ 过来
  ❸ ✗ 妈妈没发现，趁着快点儿回家
      ➡ 趁着妈妈没发现，快点儿回家
  ❹ ✗ 而且 ➡ 何况

2 ❶ 趁着十一长假，我去了不少地方旅游。
  ❷ 趁着老板还没来，我们快点儿准备吧。
  ❸ 趁着年轻，努力学习吧。
  ❹ 我可以把这本词典借给你，只要你准时还给我就行。
  ❺ 只要有一线希望，我就不能放弃。
  ❻ 只要有时间，我就会多陪陪父母。

1 ❶ ○   ❷ ✗   ❸ ✗
2 ❶ B   ❷ B   ❸ A

「녹음원문」

晒黑族

最近网上特别流行"晒黑"，"晒黑族"们把社会上不公平的事放到网上，这样别的网民看到了，就会注意。"晒黑族"们的"晒黑"活动还引起了有关部门的重视。比如，一位网民发现一家高级饭店的厨房卫生条件特别差，就把这件事写到网上，卫生部门看到这篇文章后，马上派人调查，最后这家饭店被罚了款。除此以外，哪家超市服务态度不好，哪家银行办事效率低，哪个政府部门工作不认真，都会被"晒客"们拿出来"晒"一"晒"，"晒黑族"们追求的就是正义和阳光。

share(공유)

'晒客'는 영어 'share'에서 온 것으로 자신의 성과나 좋아하는 것을 인터넷상에 올려 다른 사람과 공유하는 것입니다. 이러한 공유는 단지 생활을 드러내고 즐거움을 나누기 위함이지요. 이러한 공유에서 가장 중요한 것은 인터넷 친구 간의 교류입니다. 요즘 가장 유행하는 것이 바로 임금을 공유하는 것입니다.

검색 엔진에 '임금 공유'라고 입력하면 150만 개의 관련 홈페이지를 볼 수 있습니다. '임금 공유'의 웹사이트에서는 또한 도시와 지역을 나누어 공유자로 하여금 적합한 곳을 선택해서 임금을 공

유할 수 있게 해 줍니다. 공무원부터 회사 비서까지, 막 졸업한 대학생부터 석사 졸업 6년차의 '골드 칼라'까지 임금표를 공시한 글을 흔히 볼 수 있고 인기도 매우 높습니다. 임금을 공표(公表)한 사람은 주동적으로 업종, 직업을 공표할 뿐만 아니라, 기본 임금, 보너스, 보험금, 공제금 등을 하나하나 열거하고 최종적으로 실제 지급액을 주석을 달아가며 설명합니다. 어떤 사람은 심지어 임금표의 사진을 인터넷상에 올려서 정보의 진실성을 분명히 밝히기도 합니다.

각 직종의 수입 상황을 알고 싶습니까? 공유 홈페이지로 가서 보십시오.

chapter 11 日常生活
일상생활

아침밥
사무실에서

나나 샤오쥔, 먹을 거 없어? 나 배고파서 쓰러질 것 같아.
샤오쥔 없어. 난 아침에 늘 바깥의 간식을 사. 난 더우장(콩국), 유탸오, 샤오룽바오, 죽 등 중국의 아침밥이 제일 좋더라. 종류도 많고, 맛도 좋고, 또 가격도 싸거든. 정말 질도 좋고 가격도 싸!
나나 더 이상 말하지 마!
샤오쥔 하하. 아니면 김 비서에게 한번 물어봐.
나나 김 비서는 아침에 과일밖에 안 먹어. 그녀는 '아침의 과일은 금이다'라고 말하지. 아침에 먹으면 피부에 가장 좋대. 그런데 공복에 과일을 먹으면 배가 아플 수 있어.
샤오쥔 부장님한테 먹을 것이 있을 텐데!
나나 부장님의 아침은 빵에 커피 아니면 커피에 빵이야. 난 싫어.
샤오쥔 매일 그걸 먹으면 안 질리실까?
나나 부장님께서는 사람의 에너지는 한계가 있는데, 아침밥으로 무얼 먹어야 하나 생각하면서 시간 낭비하기 싫고, 어쨌든 뭘 먹든 다 똑같이 배만 채우면 된다고 말씀하셔.
샤오쥔 너는 말이야, 게으르고 편식도 하니까, 내가 몰래 나가서 너 대신 햄버거 세트 사오는 게 좋을 것 같아!
나나 살찔 텐데.

광고
식당에서

샤오쥔 너 어제저녁 그 드라마 마지막회 봤어?
나나 말도 마, 십여 분마다 광고를 집어넣어서 정말 사람 화나게 하더라.
샤오쥔 광고 보는 것도 나쁘지 않다고 생각해. 요즘 광고는 화면도 예쁘고, 광고 이야기도 매우 재미있잖아. 그리고 그런 스타들을 출연시킨 광고는 많은 선남선녀를 볼 수 있잖아.
나나 아무리 좋은 광고도 드라마 중간에 끼워지면 화나는 것은 참을 수 없어.

샤오쥔 넌 참을성이 좀 필요해. 광고 시간을 휴식 시간으로 여기면 되잖아.

나나 어쨌든 이런 광고 회사들은 조금도 시청자들을 생각하지 않는다니까.

샤오쥔 이래야 광고 시청률이 높아지지. 우리 회사 광고도 드라마 중간에 방송되는걸.

나나 응. 우리는 반드시 유명 스타를 초빙해서 예쁜 광고를 찍어야 해. 이래야 시청자들에게 면목이 서는 거라고.

语法

1 一辆车刚从门口开过去。
2 我得写一封信，不然家里该担心了。
3 他没有别的爱好，不是看书就是听音乐。
4 他的表情让我忍不住想笑。
5 总之这件事我不答应。
6 大学生自杀对得起谁？

说一说1

❶ 小俊觉得中国的早餐物美价廉，样式又多，味道又好，价格还便宜。
❷ 金秘书早上只吃水果，因为她觉得早上的水果是金。
❸ 部长早上不是面包加咖啡，就是咖啡加面包。
❹ 娜娜昨天晚上看电视剧的大结局，结果每隔十几分钟，就插一个广告，所以她很生气。

说一说2

❶ 韩国人一日三餐都差不多，一般都是米饭和泡菜类。不过很多上班族因为没有时间，所以很多人早饭只吃一个紫菜包饭。最近韩国的早餐也在发生变化，很多人吃面包、三明治、喝牛奶、咖啡等等。
❷ 因为我上班时间比较早，所以没时间吃早餐。不过为了健康，也为了有一个好的工作状态，我一般早上吃一个苹果，一个香蕉，再喝一瓶豆奶或者一杯牛奶。
❸ 一般韩国的有线电视台在电视剧和节目中间不插广告，而是在节目开始以前插较长的广告，特别是黄金时间段里，广告更长。不过卫星电视台的节目中间一般插广告。
❹ 我喜欢画面很美，很有创意，或者是搞笑的广告。因为看画面美的广告，是一种享受；看有创意的广告，可以给人启示；看搞笑的广告可以让心情变好。

说一说3

A 你喜欢什么样的广告？
B 我喜欢幽默的广告。你呢？
A 我觉得明星代言的广告很吸引人。
B 但是那样的广告一般很夸张。
A 你们国家什么时间的广告最贵？
B 一般是人气电视节目开始之前的广告最贵。

填空

❶ 小笼包 ❷ 收视率 ❸ 画面 ❹ 有限
❺ 代言   ❻ 观众   ❼ 挑食 ❽ 物美价廉

课文

 사무실의 아침밥

중국에 '아침은 잘 먹고, 점심은 배부르게 먹고, 저녁은 적게 먹어라'라는 속담이 있다. 중국에서 이렇게 오랜 시간 생활하면서 내가 가장 만족하는 것은 바로 중국의 아침밥이다. 중국의 아침밥은 종류가 많고 영양이 풍부하며 맛도 좋다. 게다가 어디서든 다 살 수 있다. 직장인들에게 있어서 정말 더 이상 편하지 않을 수가 없다. 아침에 십여 분만 일찍 일어나면 질 좋고 가격도 저렴한 맛있는 음식을 찾을 수 있기 때문에 중국인들은 분명히 매일 아침밥을 먹을 것이라고 생각한다.

하지만 결과는 정말 예상 밖이었다. 사무실의 김 비서는 매일 아침에 사과를 먹는다. 과일이 어떻게 아침밥이 되겠는가? 이러면 분명히 위장병에 걸릴 것이다. 부장님은 일벌레라 매일 빵에 커피를 드시는데, 게다가 3분만에 다 드신다. 계속 이렇게 하시면 부장님께선 병원에 입원하시게 될 것이다. 나나 씨는 또 어떤가? 종종 점심까지 굶으니 아침에 안색이 안 좋은 것도 당연하다. 나나 씨는 매일 미녀는 무엇을 먹는지 연구한다. 나는 미녀가 도대체 무엇을 먹는지 모르지만, 아침을 먹지 않는 미녀는 분명히 얼마 못 갈 거라고 생각한다.

선배님만이 제일 행복하다. 매일 부인이 밥을 해주는데다가 사모님의 음식 솜씨는 굉장히 좋다고 들었다. 보아하니 여자 친구의 조건을 하나 더 추가해야 할 것 같다. 바로 요리하는 솜씨가 좋아야 하는 것이다.

听和说

1 ❶ ○   ❷ ✕   ❸ ✕   ❹ ✕

2 ❶ D   ❷ B   ❸ C

3 ❶ 首先我的饮食习惯很健康，比如说我不吃快餐、甜食、油炸食品，不喝碳酸饮料，少吃肉，多吃蔬菜等等。还有就是我每天都坚持运动，保持有规律的生活。

❷ 我每天都吃早餐。虽然我没有时间，但是我常常努力不让自己空腹上班。所以我每天早上一般吃一个苹果、一个香蕉、一个鸡蛋，另外还要喝一瓶豆奶或者一杯牛奶。
❸ 我认为营养丰富的早餐是最有营养的早餐。比如说饭前吃半个苹果，早餐中要有米饭、各种蔬菜、肉、鱼等等。不过每个人的身体状况都不一样，还是应该根据个人的情况进行调整。

写一写

1. ❶ × 过来 ➡ 过去
   ❷ ○
   ❸ × 忍得住 ➡ 忍不住
   ❹ × 对不起 ➡ 对得起

2. ❶ 最近有很多时间，不是逛街就是见朋友。
   ❷ 根据他的说法，这件事不是你的责任，就是我的责任。
   ❸ 她最近没有事儿，不是呆在家里，就是去补习班。
   ❹ 闹归闹，总之问题得解决。
   ❺ 不管工资有没有上涨，总之我们的生活压力越来越大。
   ❻ 总之孩子犯了错，就是家长的责任。

听一听

1. ❶ ×   ❷ ×   ❸ ○
2. ❶ A   ❷ B   ❸ A

「녹음원문」

早餐注意事项

1、起床后马上吃早餐容易消化不良，起床20至30分钟后再吃更好。
2、有早起习惯的人，早餐可以安排在7点左右。
3、不要因为赶时间就吃得太快，这样会损伤消化系统。
4、早餐也要定时定点，否则会影响消化、吸收。
5、早餐时间以后吃的食物并不能代替早餐，所以不吃早餐全靠加餐不科学。
6、家长的作用很重要，只有家长吃营养健康的早餐，孩子才会养成良好的早餐习惯。

 고대의 광고

세계 최초의 광고는 소리를 통해서 진행되었는데, 구두 광고(口头广告)라 하며 또 규매 광고(叫卖广告)라고도 부릅니다. 이것은 가장 원시적이고 가장 간단한 광고 형식입니다. 일찍이 노예 사회 초기의 고대 그리스 시대에 사람들은 규매를 통해 노예와 가축을 사고 팔았으며, 공개적으로 리듬 있는 광고를 선전하고 외쳤습니다. 그래서 도시에는 상인들의 규매 소리로 충만하였습니다.

　　상표와 상호 역시 오래된 광고 형식 중의 하나입니다. 상점의 상호는 고성(古城) 폼페이(Pompeii)에서 기원하였습니다. 고대 로마 제국에서 상표와 상호는 모두 상징적인 의미가 있는 것입니다. 예를 들어 고대 로마의 유제품 공장은 바로 염소를 이용하여 표기하였습니다. 한 아이가 회초리로 매를 맞는 것은 한 학교에서 채택하여 사용하는 표기입니다.

chapter 12 饯行
송별연을 열다

 송별연을 열다 1

나나가 미국으로 두 달간 출장을 가서 사람들이 그녀에게 송별연을 베푼다

나나 네가 곧 귀국하려는데, 하필이면 이때 내가 출장을 가네.
샤오쥔 그러게, 원래 네가 내게 송별연을 해줘야 하는데, 지금 오히려 내가 너에게 송별연을 베풀어 주게 됐어. 이게 운명의 장난이라는 건가?
나나 하하, 아마도 그런 것 같다. 운명이 우리를 바로 다시 만나도록 할지도 모르지.
샤오쥔 한국이 중국과 이렇게 가까우니, 넌 아무 때나 놀러 와도 괜찮아!
나나 그런데 내가 한국어를 못하는데, 그때 한마디도 못 알아들으면 어떡해?
샤오쥔 내가 있잖아! 만일 네가 한국에 온다면, 내가 반드시 널 데리고 구경 잘 시켜 줄게.
나나 그럼 난 반드시 한국 음식을 두루 먹을 테다.
샤오쥔 그래, 내가 대접할게.
나나 난 압구정에 가서 성형수술도 할 건데, 이것도 네가 대접할 수 있어?
샤오쥔 그건 내가 아무래도 대접을 못 하겠는데. 그리고 넌 충분히 예쁘니, 수술할 필요 없어.
나나 하하, 너랑 농담 그만하고, 미리 인사할게. 가는 길 순조롭길 바라.
샤오쥔 너도 순조롭길 바라. 미국과 이곳은 시차가 있으니, 미국에 도착하면 꼭 이메일 보내.

 송별연을 열다 2

샤오쥔이 곧 귀국을 한다. 사람들이 샤오쥔을 위해 송별연을 연다

부장 시간이 정말 빨리 지나가네. 난 지금 샤오쥔이 막 왔을 때의 모습이 아직도 기억나는데, 벌써 1년이 지나갔을 줄은 생각지도 못했어.
김 비서 왜 아니겠어요? 그때 샤오쥔의 중국어를 들었을 때 좀 이상했는데, 지금은 이미 광둥어도 몇 마디 할 줄 알게 되었잖아요.

샤오쥔	제가 이렇게 크게 발전하게 된 것은 모두 여러분들의 관심과 도움 때문이에요. 여러분들께 감사 드립니다. 제 평생 이곳에서의 생활을 잊지 못할 거예요.
부장	이후에 샤오쥔이 없으면 누가 나와 골프를 치러 가지?
김 비서	맞아요. 앞으로 또 우리에게 한국 유행가를 불러 줄 사람도 없게 되었네요.
선배	하루 종일 내게 선배님이라고 부를 사람도 없게 되었네. 네가 돌아간다니 정말 아쉽다.
샤오쥔	저도 여러분들과 이별하기 아쉬워요.
김 비서	넌 나나와 이별하기 아쉬운 거지? 우리 중에서 너희 둘 사이가 가장 좋은 셈이었잖아.
샤오쥔	모두 다 아쉬워요.
부장	여러분 너무 슬퍼하지 맙시다. 지구가 이렇게 작은데 바로 또 만나게 될 거예요. 자, 우리 건배하지요. 샤오쥔의 가는 길이 순조롭길 바라며!
모두들	가는 길 순조롭기 바라!

语法

1 别人都来得很早，偏偏她来晚了。
2 她的梦想就是吃遍中国菜。
3 我们应该降低房价，让所有人都住得起。
4 他之所以迟到，是因为家里有事儿。
5 要离开家乡了，真舍不得。
6 这几个孩子中数小民最聪明。

说一说1

❶ 因为小俊马上要回国了，可是偏偏娜娜这个时候出差。
❷ 娜娜不会韩国语，她担心到时候一句话也听不懂。
❸ 娜娜去韩国的话，小俊要给娜娜当翻译，还要带她好好逛逛。
❹ 小俊经常陪部长打高尔夫球。

说一说2

❶ 饯行的时候，我一般会请朋友一起吃顿饭。我们一边吃饭一边喝酒，还有一边聊天。如果朋友要去的地方是我熟悉的地方的话，我还会给他讲一些我的生活经验，给他一些好的建议。
❷ 有。在中国留学的时候，我认识了一个女孩子，我们一见钟情，但是后来我结束一年的学习回到了韩国，我们不得不分手了。没想到两年后我们居然在首尔相遇，那时我们决定再也不分开。现在她已经成为了我的妻子了，我觉得我们能在一起都是"命运的安排"。

❸ 我最怀念的是韩国的夜生活。我觉得韩国的夜生活是世界上最丰富的，我去过很多国家，大部分国家晚上八九点以后，街上一个人都没有，商店也都关门。可韩国正相反，下班以后是韩国人享受业余生活的黄金时间。我们可以去吃饭、喝酒、唱歌、跳舞等等，不但可以消除压力，还可以增进友情。
❹ 我觉得一生中最美好的时光是大学时代。大学时代不用像高中时代那样拼命地学习，不用因为不学习听父母和老师的唠叨，压力很小。而且假期很长，可以利用假期打工、留学或者旅行。还可以交很多朋友，增长很多见识，所以我觉得大学时光最美好。

说一说3

A 眼看你就要回国了，我真舍不得你。
B 我特别不想离开。
A 我忘不了我们一起度过的一年时间。
B 有时间一定要来韩国玩儿啊。
A 祝你一路顺风。
B 你也多保重。

填空

❶ 地球　❷ 一辈子　❸ 命运　❹ 随时
❺ 提前　❻ 一天到晚　❼ 时差

课文　小俊日记　이별할 시간

귀국할 때가 되었다.
눈 깜짝할 사이에 1년이 지나갔다. 이번 1년간 일어난 일은 지난 10년보다 많다.
이번 1년 동안, 나의 중국어가 많이 향상되었고 많은 중국 친구도 사귀었으며 그들과 깊은 우정을 맺었다. 이번 1년간 중국 남방의 풍토와 인정도 이해하게 되었다. 그리고 이번 1년 동안 우리 영업부의 모든 구성원들의 공동 노력 아래, 회사가 성공적으로 홍콩 시장에 진입하였다. 또한 이번 1년 동안 나는 팀장가 되어 여행 모임을 조직해 보기도 하고 점도 봤다. 내 평생 이곳에서 일어난 일을 잊지 못할 것이라 생각된다.
이별할 시간이 가까워질수록 더욱더 사람들과 헤어지기가 아쉬워진다. 함께 노력하고 함께 분투하며 지냈던 이런 날들은 영원히 내 마음속에 남아 있을 것이다.
송별연을 할 때, 모든 사람이 나를 위해 노래를 한 곡씩 하였다. 우리는 내년에 한국에서 만나기로 약속하였다. 나는 내년에 다시 만날 날이 빨리 오기를 기대한다.

1 ❶ ✗ ❷ ○ ❸ ○ ❹ ✗

2 ❶ D ❷ A

3 ❶ 离别的时候最伤感的事情是再也见不到对方了。以前我在中国留学结束以后，中国朋友们给我饯行，当时我们都哭了。虽然韩国和中国很近，但是天南海北，想见一面哪有那么容易？特别是现在大家都结婚生子，就更没有时间联系或者见面了。

❷ 离别后最期待的事情当然是重逢了。中国人常说，现在的离别，是为了更美好的重逢。我觉得这句话很有道理，现在交通和通信这么发达，只要有心的话，随时随地可以联系，可以见面。我想重逢时的那种喜悦远远大于离别时的悲伤。

❸ 我最舍不得的地方是中国。我在中国的一年留学生活中，认识了很多中国朋友，旅游了中国的很多地方，吃了很多中国的美食，也增长了很多见识，这些都成为我一辈子的财产。我最大的愿望就是退休以后能去中国留学或生活。

「녹음원문」

送别

送别的时候中国人要喝酒。两人之间的友谊和想说的话都变成酒，离开的人和送行的人一起喝下去，酒的味道和友情的味道就都留在心里了。

翻开中国的书，总会找到各种各样的离别诗，那些美丽的忧郁的诗在几千年的岁月中伴随着中国人走向远方。

很多人在秋天送别，秋天是伤感的季节，所以秋天的送别诗总是伤感的。

现代社会，科学的发展已经使我们克服了距离的障碍，地球越来越小，地理上的距离已经不能分开我们，希望人们可以永远相聚，没有分离。

写一写

1 ❶ ✗ 不下雨 → 下雨了
  ❷ ✗ 找完了 → 找遍了
  ❸ ✗ 所以 → 之所以
     因为 → 是因为
  ❹ ○

2 ❶ 今天真不巧，应该去外边，偏偏外边刮风沙。
  ❷ 我喜欢花，偏偏对花粉过敏。
  ❸ 他们劝她不要那样做，她偏偏不听。
  ❹ 妈妈舍不得为自己花一分钱。
  ❺ 我舍不得扔掉这件衣服。
  ❻ 这是他一直想要得到的，舍不得让给别人。

1 ❶ ✗ ❷ ✗ ❸ ✗
2 ❶ A ❷ A ❸ B

A

| 安排 ānpái | 배정하다 | 22 |
| 傲慢 àomàn | 오만하다 | 124 |

B

白马王子 báimǎ wángzǐ	백마 탄 왕자	113
百万富翁 bǎiwàn fùwēng	백만장자	148
傍晚 bàngwǎn	저녁 무렵	141
保守 bǎoshǒu	지키다, 보수적	54, 141
保养 bǎoyǎng	정비하다	82
报到 bàodào	(회사·학교에 첫날 도착할 때 하는 신고식의 일종으로) 도착을 보고하다	15
比比皆是 bǐbǐ jiē shì	흔히 볼 수 있다	152
笔 bǐ	돈, 자금과 관련 있는 것을 세는 단위(주로 양이 비교적 많은 금액을 말함)	85
鞭打 biāndǎ	채찍질하다	166
不打不相识 bù dǎ bù xiāngshí	맞붙지 않으면 서로 알지 못한다	99

C

财富 cáifù	재산, 부	148
采购 cǎigòu	(기관이나 기업에서 선택하여) 구입하다	43
参考 cānkǎo	참고하다	68
苍白 cāngbái	창백하다	15
策划 cèhuà	계획하다	43
插 chā	끼우다, 삽입하다	155
长岛冰茶 Chángdǎo bīngchá	롱 아이스 아일랜드 티 (long island ice tea)	36
长篇大论 cháng piān dà lùn	끊임없는 연설이나 길이가 굉장히 긴 문장	50
超车 chāochē	(차를) 앞지르다	71
超过 chāoguò	넘다	64
沉住气 chén zhùqì	(상황이 긴급하거나 감정이 흔들릴 때에 마음을) 진정하다	85
诚意 chéngyì	성의	106
冲 chòng	~한테, ~에게	57
出乎意料 chū hū yì liào	예상을 벗어나다, 뜻밖이다	162
出勤 chūqín	출근하다	54
厨师 chúshī	요리사	141
厨艺 chúyì	음식 솜씨	162
处罚 chǔfá	처벌하다	96
船长 chuánzhǎng	선장	40
闯红灯 chuǎng hóngdēng	빨간 신호를 무시하고 지나가다, 신호를 위반하다	71
创办 chuàngbàn	세우다, 설립하다	127
创造力 chuàngzàolì	창조력	127

D

打呵欠 dǎ hēqiàn	하품을 하다	50
大件 dàjiàn	고가품	82
大结局 dàjiéjú	결말	155
大手笔 dàshǒubǐ	돈을 많이 쓰다	99
代言 dàiyán	광고 출연하다, 대신 말하다	155
贷款 dàikuǎn	대출하다	78
当初 dāngchū	당초	99
道歉 dàoqiàn	사과하다	57
得罪 dézuì	불쾌하게 하다	57
瞪 dèng	흘겨보다	64
地段 dìduàn	구역, 지역	141
地球 dìqiú	지구	169
地狱 dìyù	지옥	92
点心 diǎnxin	(과자류의) 간식(때로는 정식 이외에 먹는 소량의 음식을 일컫기도 함)	26

斗鸡 dòujī	닭싸움	40
豆浆 dòujiāng	두유, 콩국	155
对手 duìshǒu	상대	85

E

噩梦 èmèng	악몽	50

F

发表 fābiǎo	발표하다	64
发财 fācái	돈을 벌다, 부자가 되다	120
发脾气 fā píqi	성질을 내다	57
反对 fǎnduì	반대하다	113
犯错 fàncuò	실수하다	68
妃子 fēizi	임금의 비	96
分公司 fēngōngsī	지사	127
分享 fēnxiǎng	함께 나누다	152
奋斗 fèndòu	분투하다, 노력하다	176
……风 fēng	~열풍	120
风土人情 fēngtǔ rénqíng	풍토와 인정	71
负担 fùdān	부담하다	82
富裕 fùyù	부유하다	78

G

赶飞机 gǎn fēijī	비행기 시간을 맞추다	15
感叹 gǎntàn	감탄하다	78
隔 gé	간격을 두다	155
个性 gèxìng	개성	127
根据 gēnjù	~에 근거하여, ~에 따라	120
跟不上时代 gēnbushàng shídài	시대를 따라잡을 수 없다	134
工商管理 gōngshāng guǎnlǐ	공상 관리, 경영	127
公私分明 gōngsī fēnmíng	공사 구분이 확실하다	57
恭敬 gōngjìng	예의가 바르다, 공손하다	106
固执 gùzhí	고집스럽다	124
观众 guānzhòng	시청자	155
惯例 guànlì	관례	50
光 guāng	단지, 오직, ~만	113
广告 guǎnggào	광고	36
规则 guīzé	규칙	71
果断 guǒduàn	과단성이 있다	124
过分 guòfèn	지나치다	57

H

海鲜 hǎixiān	해산물	92
好说话 hǎo shuōhuà	말을 편하게 할 수 있다	43
喝西北风 hē xīběifēng	굶주리다	99
合约 héyuē	계약	43
黑眼圈 hēiyǎnquān	다크서클	43
红眼病 hóngyǎnbìng	질투하다	99
哄 hǒng	달래다	57
后窗 hòuchuāng	뒤쪽 창	71
后果 hòuguǒ	결과	71
花 huā	번지다	57
花花公子 huāhuā gōngzǐ	플레이보이, 바람둥이	22
画面 huàmiàn	화면	155
黄金单身汉 huángjīn dānshēnhàn	조건이 아주 좋은 독신 남자	141
货源 huòyuán	공급원	43

J

机场 jīchǎng	공항	15
鸡尾酒 jīwěijiǔ	칵테일	29
积累 jīlěi	쌓이다	124
极端 jíduān	극단	78
季度 jìdù	분기	43
夹 jiā	끼우다	113
家家有本难念的经 jiājiā yǒu běn nánniàn de jīng	집집마다 읽기 어려운 경전이 있다, 집집마다 다 걱정거리가 있다	43

坚持 jiānchí	견지하다	99
饯行 jiànxíng	송별연을 베풀다	169
渐渐 jiànjiàn	점차, 점점	36
讲义气 jiǎng yìqi	의리가 있다	99
奖金 jiǎngjīn	상금	148
降价 jiàngjià	(값을) 내리다	85
将在外, 君命有所不受 jiàng zài wài, jūnmìng yǒusuǒ bú shòu	장군은 밖에서 어명을 일부 받지 아니할 수 있다	96
交流 jiāoliú	교류하다	127
交情 jiāoqing	친분, 우정	99
交往 jiāowǎng	사귀다	113
郊区 jiāoqū	시외 지역	85
叫卖 jiàomài	외치며 팔다	166
接触 jiēchù	접촉하다	141
接风 jiēfēng	먼 곳에서 방금 온 사람에게 음식을 대접하다	15
节省 jiéshěng	절약하다	78
节奏 jiézòu	리듬, 박자	166
杰出 jiéchū	뛰어나다, 걸출하다	96
金领 jīnlǐng	골드 칼라	152
谨慎 jǐnshèn	신중하다	124
尽力 jìnlì	온 힘을 다하다	15
经验 jīngyàn	경험	99
惊喜 jīngxǐ	놀람과 기쁨, 서프라이즈	15
酒单 jiǔdān	술 메뉴	29
俊男 jùnnán	잘생긴 남자	15

K

卡布奇诺 kǎbùqínuò	카푸치노(cappuccino)	36
卡片 kǎpiàn	카드	64
侃大山 kǎndàshān	실없는 말을 지껄이다	71
看脸色 kàn liǎnsè	다른 사람의 낯빛(기색)이나 태도를 살피다, 눈치를 보다	43
靠不住 kàobuzhù	의지할 수 없다, 신뢰할 수 없다	134
客户 kèhù	거래처	29
客舍 kèshè	여관	180
空腹 kōngfù	빈속	155
口才 kǒucái	말솜씨	92

L

蓝山咖啡 lánshān kāfēi	블루 마운틴(blue mountain)	36
老狐狸 lǎohúli	늙은 여우	85
老手 lǎoshǒu	전문가, 숙련가, 베테랑	71
老总 lǎozǒng	사장	43
乐意 lèyì	~하기를 원하다	43
冷淡 lěngdàn	냉대하다	99
礼金 lǐjīn	사례금, 축의금	99
立刻 lìkè	즉시	54
良心 liángxīn	양심	99
邻近 línjìn	인접하다	26
领导 lǐngdǎo	지도자, 리더	29
柳色 liǔsè	버드나무의 빛	180
乱说 luànshuō	함부로 지껄이다	29

M

漫画家 mànhuàjiā	만화가	68
矛盾 máodùn	모순	68
贸易 màoyì	무역	127
门外汉 ménwàihàn	문외한	127
迷信 míxìn	미신을 믿다	113
秘书 mìshū	비서	22
面相 miànxiàng	관상	120
名词 míngcí	명사	29
明媚 míngmèi	(자연 경관이) 맑고 아름답다	141
命运 mìngyùn	운명	169
陌生人 mòshēngrén	낯선 사람	124
莫名其妙 mò míng qí miào	영문을 모르다	57
母老虎 mǔlǎohǔ	무서운 여자	57

N

拿得出手 ná de chū shǒu	다른 사람 앞에 내놓을 수 있다	99
耐心 nàixīn	인내심(이 있다)	155
难缠 nánchán	다루기 힘들다, 대처하기 어렵다	85
年末总结 niánmò zǒngjié	연말 총결, 송년회	43
奴隶社会 núlì shèhuì	노예 사회	166
怒 nù	노하다	96

P

排队 páiduì	줄을 서다	113
培训 péixùn	(기술자나 전문 간부 등을) 양성하다, 교육하다	127
佩服 pèifú	감탄하다	36
碰 pèng	만지다, 건드리다	29
拼 pīn	서로 합치다	141
魄力 pòlì	패기	124

Q

期待 qīdài	기대하다	176
气氛 qìfēn	분위기	85
汽油 qìyóu	휘발유	82
谦虚 qiānxū	겸손하다	106
签约 qiānyuē	계약(또는 조약)을 체결하다	85
强烈 qiángliè	강렬하다	124
强硬 qiángyìng	강경하다	124
庆功会 qìnggōnghuì	완성 축하회, 공로 축하회	92
娶 qǔ	장가가다, 아내를 얻다	57
劝 quàn	권하다	180
缺少 quēshǎo	부족(不足)하다	54

R

让 ràng	양보하다	57
人脉 rénmài	인맥	99
人生地不熟 rén shēng dì bù shú	사람이 낯설고, 땅이 익숙하지 않다	15
任性 rènxìng	제멋대로의	124
荣幸 róngxìng	영광스럽다	15

S

三顾茅庐 sān gù máo lú	삼고초려	106
嫂子 sǎozi	형수	57
刹车 shāchē	브레이크를 걸다	71
沙滩 shātān	모래톱, 사주(砂洲), 백사장(白沙場)	141
山羊 shānyáng	염소	166
善于 shànyú	~에 능숙하다	127
商标 shāngbiāo	상표	166
赏罚严明 shǎngfá yánmíng	상과 벌이 엄격하고 공정하다	96
设立 shèlì	세우다, 설립하다	127
社团 shètuán	동아리	127
神奇 shénqí	신기하다	29
生意 shēngyi	장사	85
牲畜 shēngchù	가축	166
省会 shěnghuì	성도(省都)	26
失眠 shīmián	불면(증)	15
时差 shíchā	시차	169
时刻 shíkè	시각	176
实发工资 shífā gōngzī	실제 지급액	152
实行 shíxíng	실행하다	141
事项 shìxiàng	사항	82
收视率 shōushìlǜ	시청률	155
收益 shōuyì	수익	148
手脚勤快 shǒujiǎo qínkuai	손발이 부지런하다	29
手相 shǒuxiàng	손금	120
手续 shǒuxù	수속	99
手艺 shǒuyì	솜씨	162

熟悉 shúxī	익숙하다, 익히 알다, 충분히 알다	15, 127
属 shǔ	띠	113
束 shù	묶음, 다발, 단(한데 묶인 물건을 세는 단위)	64
说曹操曹操就到 shuō Cáo Cāo, Cáo Cāo jiù dào	호랑이도 제 말하면 온다	71
说坏话 shuō huàihuà	험담하다	71
搜索引擎 sōusuǒ yǐnqíng	검색 엔진	152
俗语 súyǔ	속담	29
算命 suànmìng	(운세·운수를) 점치다	113
随时 suíshí	수시(로), 언제나	169
缩写 suōxiě	약어	148

T

塔罗牌 tǎluópái	타로카드점	120
太阳从西边出来了 tàiyáng cóng xībian chūlai le	해가 서쪽에서 뜨다	71
叹气 tànqì	한숨 쉬다	99
逃避 táobì	도피하다	54
桃花运 táohuāyùn	여자복이나 남자복이 있다	113
讨价还价 tǎojià huánjià	가격(값)을 흥정하다	85
套餐 tàocān	세트 요리	155
特权 tèquán	특권	57
提前 tíqián	(예정된 시간이나 기한을) 앞당기다	71
替 tì	대신하다	22
填 tián	채우다, 막다, 메우다	155
挑食 tiāoshí	편식하다	155
调和 tiáohé	섞다	40
帖 tiě	(인터넷에 올린) 글, 문장	152
投其所好 tóu qí suǒ hào	남의 마음에 들도록 비위를 맞추다	85
推荐 tuījiàn	추천하다	92
拖 tuō	끌다	54

W

外来语 wàiláiyǔ	외래어	29
完美主义者 wánměi zhǔyìzhě	완벽주의자	43
网络 wǎngluò	네트워크(network)	141
网站 wǎngzhàn	웹사이트	148
威客 wēikè	인터넷 환경에서의 지식, 지능, 기술, 경험을 교류하는 플랫폼	148
威严 wēiyán	위엄 있는 모양	96
为难 wéinán	난감하다	96
维修 wéixiū	수리하다	82
尾羽 wěiyǔ	꼬리털	40
文件 wénjiàn	문서	127
无聊 wúliáo	지루하다, 심심하다	71
五花八门 wǔ huā bā mén	다양하다	36
物美价廉 wù měi jià lián	물건도 좋고, 값도 싸다	155

X

夕阳 xīyáng	석양	141
相亲 xiāngqīn	선을 보다	113
详细 xiángxì	상세하다, 자세하다	141
消费观念 xiāofèi guānniàn	소비 관념	78
消散 xiāosàn	흩어져 사라지다	96
小道消息 xiǎodào xiāoxi	길에서 주워들은 말	134
小笼包 xiǎolóngbāo	작은 만두	155
小心眼儿 xiǎoxīnyǎnr	째째하게 굴다, 소심하다	57
孝顺 xiàoshùn	효성스럽다	50
笑眯眯 xiàomīmī	빙그레 웃는 모양	43
笑面虎 xiàomiànhǔ	겉으로 웃는 호랑이	43
心直口快 xīn zhí kǒu kuài	성격이 시원시원하여 할 말이 있으면 바로 하다	124
新手 xīnshǒu	초보자	71
信息 xìnxī	정보	141
兴奋 xīngfèn	흥분하다	15
星座 xīngzuò	별자리	120
雄鸡 xióngjī	수탉	29

Y

亚运会 Yàyùnhuì	아시안 게임		26
眼泪 yǎnlèi	눈물		92
眼线 yǎnxiàn	아이라인		57
演示 yǎnshì	시범하다		96
吆喝 yāohe	큰 소리로 외치다		166
要强 yàoqiáng	승부욕이 강하다		124
野营 yěyíng	야외에 막사를(천막을) 치고 숙박하다, 야영하다		141
业绩考评 yèjì kǎopíng	업무 실적 평가		99
业务 yèwù	업무		15
一把手 yìbǎshǒu	일인자		29
一辈子 yíbèizi	일생		169
一举两得 yì jǔ liǎng dé	한 가지 일로써 두 가지의 이익을 얻다		141
一路顺风 yí lù shùn fēng	가시는 길 순조롭길 빌다		169
一天到晚 yì tiān dào wǎn	하루 종일		169
一眨眼 yìzhǎyǎn	눈 깜짝할 사이에		176
浥 yì	담그다		180
意译 yìyì	의역(하다)		36
音译 yīnyì	음역(하다)		36
饮食起居 yǐn shí qǐ jū	의식주, 일상생활		29
隐居 yǐnjū	은거		96
营销部 yíngxiāobù	영업부		15
应届毕业生 yīngjiè bìyèshēng	올해 졸업자 및 졸업 예정자		127
应酬 yìngchou	교제하다, 접대하다		85
幽默 yōumò	유머러스하다		15
油条 yóutiáo	밀가루 반죽을 발효시켜 소금으로 간을 한 후, 모양을 길쭉하게 만들어 기름에 튀긴 바삭바삭한 식품		155
友谊 yǒuyì	우정		176
有趣 yǒuqù	흥미롭다		40
有限 yǒuxiàn	한계가 있다, 제한적이다		155
原则 yuánzé	원칙		68
远在天边，近在眼前 yuǎn zài tiānbiān, jìn zài yǎnqián	멀게는 하늘가에, 가깝게는 눈앞에 있다		113
粤语 Yuèyǔ	광둥어		26
晕机 yùnjī	비행기 멀미		15
运气 yùnqi	운세		113

Z

斩首 zhǎnshǒu	참수하다		96
长见识 zhǎng jiànshi	식견이 넓어지다		71
招聘 zhāopìn	모집하다, 초빙하다		127
睁一只眼闭一只眼 zhēng yì zhī yǎn bì yì zhī yǎn	보고도 못 본 체하다, 눈감아 주다		43
整齐 zhěngqí	반듯하다, 단정하다		120
整形 zhěngxíng	성형		120
支持 zhīchí	지지하다		64
知己知彼，百战百胜 zhī jǐ zhī bǐ, bǎi zhàn bǎi shèng	자신을 알고 남을 알면 백 번 싸워도 위태롭지 않다		85
执法官 zhífǎguān	법무관		96
执行 zhíxíng	집행하다		96
直接 zhíjiē	직접의, 직접적인		106
指挥 zhǐhuī	지휘하다		141
制定 zhìdìng	세우다		50
智慧 zhìhuì	지혜		148
粥 zhōu	죽		155
主人公 zhǔréngōng	주인공		134
注明 zhùmíng	주석하여 설명하다		152
准 zhǔn	정확하다		113
准时 zhǔnshí	제시간에		71
着想 zhuóxiǎng	(어떤 사람이나 어떤 일의 이익을 위해) 고려하다, 배려하다		155
自豪 zìháo	자랑스럽다		40
自以为 zì yǐwéi	스스로 여기다		22

自以为是 zì yǐ wéi shì	잘난 척하다		22
自助餐 zìzhùcān	뷔페		29
字号 zìhao	상호		166
走后门 zǒu hòumén	뒷거래를 하다		99
遵守 zūnshǒu	(규정에 따라) 준수하다, 지키다		71

고유명사

阿金鲁斯 Ājīn Lǔsī	[인명] 알킨 루스(Arkin Roos)		40
艾米丽 Àimǐlì	[인명] 에밀리(Emily)		40
爱因斯坦 Àiyīnsītǎn	[인명] 아인슈타인(Einstein)		54
奥迪 Àodí	아우디(Audi)		78
澳门 Àomén	마카오(Macao)		26
奔驰 Bēnchí	벤츠(Benz)		78
丁聪 Dīng Cōng	[인명] 딩총		68
克里福德 Kèlǐfúdé	[인명] 클리포드(Clifford)		40
刘备 Liú Bèi	[인명] 유비(劉備)		106
罗马 Luómǎ	로마(Rome)		166
庞贝 Pángbèi	폼페이(Pompeii)		166
蜀国 Shǔguó	촉국(촉(蜀)나라를 가리킴)		106
渭城 Wèichéng	위성(서북에 있는 성의 이름)		180
希腊 Xīlà	그리스(Greece)		166
狎鸥亭 Xiá'ōutíng	압구정		169
香港 Xiānggǎng	홍콩(Hong Kong)		26
阳关 Yángguān	양관(현재의 감숙성 돈황현 서남쪽에 있던 관문)		180
诸葛亮 Zhūgě Liàng	[인명] 제갈공명(孔明)		106

100만 독자의 선택
맛있는 중국어 시리즈

회화

첫걸음·초급
▶ 중국어 발음과 기본 문형 학습
▶ 중국어 뼈대 문장 학습

초·중급
▶ 핵심 패턴 학습
▶ 언어 4대 영역 종합 학습

맛있는 중국어 Level ❶ 첫걸음 | 맛있는 중국어 Level ❷ 기초 회화 | 맛있는 중국어 Level ❸ 초급 패턴1 | 맛있는 중국어 Level ❹ 초급 패턴2 | 맛있는 중국어 Level ❺ 스피킹 | 맛있는 중국어 Level ❻ 중국통

기본서

▶ 재미와 감동, 문화까지 **독해**
▶ 어법과 어감을 통한 **작문**
▶ 60가지 생활 밀착형 회화 **듣기**

▶ 이론과 트레이닝의 결합! **어법**
▶ 듣고 쓰고 말하는 **간체자**

맛있는 중국어 독해 ❶❷ | 맛있는 중국어 작문 ❶❷ | 맛있는 중국어 듣기 | 맛있는 중국어 어법 | 맛있는 중국어 간체자

비즈니스

▶ 비즈니스 중국어 초보 탈출! **첫걸음**
▶ 중국인 동료와 의사소통이 가능한 **일상 업무편**
▶ 입국부터 출국까지 완벽 가이드! **중국 출장편**
▶ 중국인과의 거래, 이젠 자신만만! **실전 업무편**

맛있는 비즈니스 중국어 Level ❶ 첫걸음 | 맛있는 비즈니스 중국어 Level ❷ 일상 업무 | 맛있는 비즈니스 중국어 Level ❸ 중국 출장 | 맛있는 비즈니스 중국어 Level ❹ 실전 업무

\ 100만 독자의 선택 /
맛있는 중국어 HSK 시리즈

기본서

▶ **시작**에서 **합격**까지 4주 완성
▶ 모의고사 **동영상 무료 제공**(6급 제외)
▶ 기본서+해설집+모의고사 All In One 구성
▶ 필수 **단어장** 별책 제공

맛있는 중국어 HSK 1~2급 첫걸음   맛있는 중국어 HSK 3급   맛있는 중국어 HSK 4급   맛있는 중국어 HSK 5급   맛있는 중국어 HSK 6급

모의고사

▶ 실전 HSK **막판 뒤집기!**
▶ 상세하고 친절한 **해설집 PDF 파일 제공**
▶ 학습 효과를 높이는 **듣기 MP3 파일 제공**

맛있는 중국어 HSK 1~2급 첫걸음 400제   맛있는 중국어 HSK 3급 400제   맛있는 중국어 HSK 4급 1000제   맛있는 중국어 HSK 5급 1000제   맛있는 중국어 HSK 6급 1000제

단어장

▶ 주제별 분류로 **연상 학습 가능**
▶ HSK **출제 포인트**와 **기출 예문**이 한눈에!
▶ 단어 암기부터 HSK **실전 문제 적용**까지 한 권에!
▶ 단어&예문 **암기 동영상** 제공

맛있는 중국어 HSK 1~4급 단어장   맛있는 중국어 HSK 1~3급 단어장   맛있는 중국어 HSK 4급 단어장   맛있는 중국어 HSK 5급 단어장